《法律问答110》丛书编辑委员会

主　任：李正赤（四川大学党委副书记）

副主任：古立峰（四川大学法学院党委书记）

　　　　杨　光（四川大学校友总会秘书长）

委　员：吴　尧（四川大学科学技术发展研究院院长）

　　　　侯宏虹（四川大学出版社社长）

　　　　白　鹏（四川大学校友总会副秘书长）

　　　　叶　浪（四川大学成都地区法学校友会会长）

　　　　牛建国（四川大学成都地区法学校友会常务副会长）

　　　　肖　露（四川大学成都地区法学校友会常务副会长兼秘书长）

　　　　张　坤（四川大学成都地区法学校友会常务副会长）

《法律问答110·科技成果转化篇》编辑委员会

主　任：叶　浪

委　员：（以下排名不分先后）

　　　　蒋文军　牛建国　肖　露　姜　华　黄　俊　熊焰波　龚志立　李　庆

　　　　刘　涛　石红阳　李群河　吴　潇　万　毅　吴卫军　张　坤　赵　珂

　　　　梁系琳　蔡明婧　施　杰　张　光　侯铭轩　张凯翔　王春生

主　编：张　坤　北京恒都（成都）律师事务所

副主编：张凯翔　泰和泰律师事务所

　　　　曾祥坤　泰和泰律师事务所

编辑部成员：（按所在单位拼音首字母排序，排名不分先后）

顾德鹏	北京道可特（成都）律师事务所	李经洋	上海中联（成都）律师事务所
林　凡	北京恒都（成都）律师事务所	罗超凡	四川大学法学院（在读博士）
赵盈寅	北京恒都（成都）律师事务所	杜　宇	四川法奥律师事务所
刘　伟	北京环球（成都）律师事务所	王　巍	四川发现律师事务所
赵　珂	北京环球（成都）律师事务所	李群河	四川恒和信律师事务所
王晓珺	北京炜衡（成都）律师事务所	庞丽媛	四川恒和信律师事务所
余　龙	北京炜衡（成都）律师事务所	龚志立	四川汇韬律师事务所
赵　亮	成都大学法学院	石红阳	四川岷山律师事务所
张芝源	成都众恒智合专利代理事务所	石沁蕊	四川岷山律师事务所
刘华平	成都众恒智合专利代理事务所	董新宇	四川琴台律师事务所
赵健淳	成都众恒智合专利代理事务所	胡　朋	四川昱坤合律师事务所
王育信	成都众恒智合专利代理事务所	吴　潇	四川昱坤合律师事务所
陈怡良	上海德禾翰通（成都）律师事务所	张雪婷	四川致高律师事务所
张　雨	上海德禾翰通（成都）律师事务所	刘清泉	四川章天律师事务所
林　杨	上海汉盛（成都）律师事务所		

法律问答110
科技成果转化篇

四川大学校友总会 主编

四川大学出版社
SICHUAN UNIVERSITY PRESS

图书在版编目（CIP）数据

法律问答 110. 科技成果转化篇 / 四川大学校友总会
主编 . -- 成都 ： 四川大学出版社，2025. 5. -- ISBN
978-7-5690-7330-0

Ⅰ . D920. 5

中国国家版本馆 CIP 数据核字第 2024QA2696 号

书　　名：法律问答 110·科技成果转化篇
　　　　　Falü Wenda 110·Keji Chengguo Zhuanhua Pian
主　　编：四川大学校友总会

出 版 人：侯宏虹
总 策 划：张宏辉
选题策划：蒋姗姗
责任编辑：蒋姗姗
特约编辑：袁霁野
责任校对：唐　飞
装帧设计：何思影
责任印制：李金兰

出版发行：四川大学出版社有限责任公司
　　　　　地址：成都市一环路南一段 24 号（610065）
　　　　　电话：（028）85408311（发行部）、85400276（总编室）
　　　　　电子邮箱：scupress@vip.163.com
　　　　　网址：https://press.scu.edu.cn
印前制作：成都墨之创文化传播有限公司
印刷装订：四川省平轩印务有限公司

成品尺寸：170 mm×240 mm
印　　张：19
字　　数：288 千字

版　　次：2025 年 5 月 第 1 版
印　　次：2025 年 5 月 第 1 次印刷
定　　价：78.00 元

本社图书如有印装质量问题，请联系发行部调换

扫码获取数字资源

四川大学出版社
微信公众号

前言

变化者，乃天地之自然。当前，我们正处在一个充满变化的时代，世界百年未有之大变局加速演进，新一轮科技革命和产业变革深入推进，深刻重塑全球秩序和发展格局，深远影响人类文明进程，我们的国家也正在以中国式现代化全面推进强国建设、民族复兴伟业。

苟日新，日日新，又日新。创新，在深入实施科教兴国战略、人才强国战略、创新驱动发展战略、以新质生产力强劲推动高质量发展的今天，显得尤为重要。2019 年 3 月的全国政协会议上时任川大校长李言荣提出《通过校友企业家组织来推进高校科技成果转化》的提案，建议让校友企业家代表来当高校成果搬运工，打通转化的中间环节。四川大学成都地区法学校友会第一时间作出最积极响应，通过精心安排，组建起一支以热心的律师校友为主体的专业法律服务队伍——四川大学校友律师服务团，专门致力于推进我校科技成果转化服务。他们主动了解当前我国高校科技转化的重点、难点中涉及法律方面的问题，积极与兄弟校友会、校友企业家等开展交流座谈，立志成为科技成果转化中的优质"保险绳"，为母校、在校师生和广大校友保驾护航。通过几年实践，校友律师团总结服务经验，集结形成本书。

伴随国际竞争和产业升级，国内科技创新，尤其是基础问题研究和关键技术革新等方面科技成果转化、科研孵化进入黄金期。然而，科技成果的转化是一个系统工程，这一工程横跨政策制定、技术创新、市场定位、经济评估、金融支持和法律保障等多个维度，每一环节都至关重要。其中，知识产权法律问题，因其专业性和复杂性，日益成为科技成果转化的权利基石、开路先锋和防护堡垒。

党的二十届三中全会提出，法治是中国式现代化的重要保障。本书的出版，正是为了解决科技成果转化过程中遇到的相关法律问题，以实践中的具体问题为导引，全面系统地梳理了科技成果转化过程中的法律问题，提供了一份详尽的法律服务指南。它围绕科技成果转化核心知识产权法律问题，梳理了 110 个问答，通过问题设计、思维导图、案例分析、法律解析、实务操作的体例安排，以深入浅出的方式形成具有较强系统性和针对性的知识输出，是一本实操性强、易于理解的法律科普读物。

不驰于空想，不骛于虚声。川大成都法学校友会以实际行动为科技强国建设贡献川大力量。展望未来，本书将在促进科技创新与经济发展融合、优化资源配置和减少创新风险等多方面发挥重要价值。我们有理由相信，随着《法律问答 110》系列丛书的陆续出版，将有更多人受益于这些智力成果。我们期待这些著作能够激发更多的创新思维，为培育新质生产力、促进科技成果转化、经济社会高质量发展贡献更多的智慧和力量。

缀文者情动而辞发，观文者披文以入情。在此，谨向所有参与本书编撰的人员表示最诚挚的感谢和最衷心的祝愿。愿本书成为连接知识与实践、创新与保护的桥梁，助力科研工作勇攀科技高峰，助推服务国家重大战略，进一步发挥推动科技成果转化的川大力量。

四川大学 985 工程法学创新平台首席科学家
四川大学法学院教授　　龙宗智

2024 年 9 月

第 01 问 　什么是科技成果？科技成果的特征又是什么？

课程音频

本文作者　刘清泉

　　科技成果的定义分为法定定义和学理定义。在法律层面，《中华人民共和国促进科技成果转化法》（以下简称《促进科技成果转化法》）第 2 条第 1 款规定："科技成果是指通过科学研究与技术开发所产生的具有实用价值的成果。职务科技成果，是指执行研究开发机构、高等院校和企业等单位的工作任务，或者主要是利用上述单位的物质技术条件所完成的科技成果。"在学理层面，科技成果是指对科学研究课题，通过调查考察、实验研究、设计试验和辩证思维等活动，所取得的具有一定学术意义或实用价值的创造性成果。

特　征

　　特征 1：科技成果来源于科学研究与技术开发。科技成果的源头是科学研究活动或者技术开发活动，而其他的活动产生的成果不属于法律规制下的科技成果范畴。

　　特征 2：科技成果须具有实用价值。实用价值是判断科技成果的重要标志。科学研究和技术开发活动中可能产生多种多样的成果，而这些成果当中，只有具备实用价值的成果才可以被称为科技成果，反之则不属于科技成果。

特征3：科技成果的形式具有多样性。科技成果具有多种形式，既包括专利、技术秘密、计算机软件、集成电路布图设计、植物新品种等获得知识产权保护的科技成果，也包括未获得知识产权保护的其他科技成果，只要这种成果产生于科学研究与技术开发并具有实用价值，都可被认定为科技成果。

第 02 问　什么是科技成果转化？

课程音频

本文作者　刘清泉

《促进科技成果转化法》第2条第2款规定："本法所称科技成果转化，是指为提高生产力水平而对科技成果所进行的后续试验、开发、应用、推广直至形成新技术、新工艺、新材料、新产品，发展新产业等活动。"科技成果转化是一项技术成果经多个阶段和步骤，从实验室走向市场，并实现产业化的过程，其本质是科技与经济的结合。

以案说法

赵某系天某医院退休医生，在职期间曾在医院设立的某骨折研究所（以下简称骨折研究所）、某骨科研究所（以下简称骨科研究所）任职。后参与研究其任职单位承担的"活血化瘀接骨片的研制及临床应用"的科学技术项目，并顺利结题。在形成涉案科技成果的科委项目进行过程中，骨折研究所与A科技公司开展科技成果转化。后赵某起诉至法院，请求依法判令其任职医院向自己支付职务技术成果奖励、报酬共计1525920元。

法院审理认为：科技成果转化的本质是科技与经济的结合，即一项技术成果经多个阶段和步骤，从实验室走向市场，并实现产业化的过程。纵观涉案科技成果的转化过程：

首先，在形成涉案科技成果的科委项目进行过程中，天某医院设立的骨折研究所与 A 科技公司签订了《关于共同开发市科委招标课题——活血接骨冲剂、活血接骨贴的协议》。该协议对双方在相关产品生产、销售的组织安排及技术指导、推广、应用等方面的权利义务进行了原则性约定。综合全案证据，涉案科技成果在项目进行中已着手实施转化，但至项目验收结题时，该项技术成果转化尚未实现。

其次，根据天某医院、骨科研究所与 A 科技公司 2002 年 5 月签订的《关于"活血消肿接骨贴"长期合作协议书》记载，"活血消肿接骨贴"为天某医院、骨科研究所和 A 科技公司共同研制的科技成果。协议约定，A 科技公司就"活血消肿接骨贴"开发事宜负责继续投资，并组织安排生产；天某医院、骨科研究所同意将共同研制的"活血消肿接骨贴"由 A 科技公司开发生产，保证"活血消肿接骨贴"在临床观察和临床使用的连续性等。自此，天某医院与 A 科技公司在涉案"活血化瘀接骨贴"的基础上，制成了可应用于临床推广的"活血消肿接骨贴"并投入生产。"活血消肿接骨贴"后更名为"骨科敷料"。涉案科技成果实施转化后，多年来一直在天某医院与院外市场进行销售，取得了较大的经济效益，至今仍持续产生转化收益。

科技成果是否转化是科技人员要求奖励、报酬的前提条件，该两份协议系赵某为证明涉案科技成果实施转化而提供，如果协议未实际履行，则赵某无法就涉案科技成果转化主张奖励、报酬。综观涉案科技成果的转化过程，虽天某医院未提供其履行协议相关义务的证据，考虑该两份协议自签订至今已近二十年，涉案科技成果确已被实施转化并产生收益，协议各方均未对协议履行提出过异议，当时参与协议签订的证人李某出庭时亦表示，协议已按照约定执行，故赵某对协议是否履行提出的异议，缺乏事实依据，法院不予支持。

律师建议

　　在开展科技成果转化的过程中，建议各参与主体签订书面协议，对科技成果所进行的后续试验、开发、应用、推广直至形成新技术、新工艺、新材料、新产品，以及发展新产业活动等进行详细约定，特别是对转化的知识产权归属、利益分配等关键条款明确约定，避免产生相关争议。

第 03 问　科技成果转化与技术转移有什么区别与联系？

课程音频

本文作者　张　雨

　　科技成果转化是指为提高生产力水平而对科技成果所进行的后续试验、开发、应用、推广直至形成新技术、新工艺、新材料、新产品，发展新产业等活动。技术转移是指制造某种产品、应用某种工艺或提供某种服务的系统知识，通过各种途径从技术供给方向技术需求方转移的过程。科技成果转化和技术转移在实践中通常是相互渗透、相互包容的关系：①技术转移指向科技成果从供给方向需求方转移的行为过程，突出了科技成果在主体之间的转移；②科技成果转化指向科技成果从抽象的知识形态转化为现实的实体形态产品、商品，或者非实体形态的服务并实现经济价值的过程，突出了科技成果的应用推广，我们可以认为科技成果转化是由"技术价值"转化为"经济价值"的过程；③技术转移是其科技成果转化的前提和基础。技术转移是手段，而科技成果转化才是目的。二者关系如下图所示。

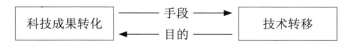

二者的区别有以下三点。①概念侧重点不同。科技成果转化侧重点在"化"，主要强调科技成果从最初形态到发生质变形成新技术、新工艺、新材料、新产品的状态变化，强调科技成果本身的商业化、产品化、产业化发展过程。技术转移侧重点在"移"，强调技术从A方到B方的转移，强调在活动过程中技术所有权或使用权在不同利益主体之间的转移。②主体关注重点不同。在主体层面，技术转移主体与科技成果转化的主体基本是一致的，包括技术主体、技术供体和技术受体。虽然二者的主体基本一致，但对于外界，尤其是政府的政策关注点却有所区别。对于科技成果转化，政府政策关注点是政府支持下取得的科技成果拥有者，即研究开发机构、高等院校这两类技术供体。科技成果转化的难点也在于调动研究开发机构、高等院校转化科技成果的积极性和主动性。企业作为科技成果转化的技术受体被认为基本不存在科技成果转化问题。政府虽然也关注研究开发机构、高等院校如何把技术知识转移到企业，但同时也关注技术实力强的大企业如何把技术知识转移到其他小企业。③客体不同。技术转移中的技术客体与科技成果转化中的科技成果客体基本相同，包括技术方案、创新设计、技术秘密、工艺图纸、计算机软件、论文、集成电路和生物品种，但科技成果转化的客体还可以包括科学发现，而技术转移客体一般不包括该客体。总之，科技成果转化和技术转移都属于无形资产特别是技术性资产运用的范畴，都可以归属于知识资产的价值实现过程。但二者在含义侧重，涉及的主体和客体上，都存有一定的差异。

以案说法

A研究所主要从事人工智能方面的应用技术开发研究。该研究所经长期努力，将该技术应用到自动驾驶、智能家居、医疗诊断等现实生活中的各个领域，这一过程便属于科技成果的转化。后 A 研究所将某一项具体的人工智能技术在技术交易市场挂牌，按照技术交易市场的规则来进行公开交易，B 企业摘牌，此时该项具体的人工智能技术的所有权从 A 研究所转移到了 B 企业，这一过程便属于技术转移。

律师建议

第一，要区分科技成果转化和技术转移，充分认识到实现二者所需要的各种不同条件，如科技成果转化要求有较强的研究开发能力，技术转化要求有较大的投资、较强的市场营销和融资能力，才可以达到优化和整合资源目的。第二，增强研究机构和企业间的合作，通过技术转移充分将技术供体的优势与技术受体的优势相结合，发挥更大效能。第三，多加关注政府政策导向，让政策为企业的持续发展助力。

第04问　高校科技成果转化的方式有哪些？如何选择合适的科技成果转化方式？

课程音频

本文作者　李群河、庞丽媛

科技成果转化主要有六种方式。

①自行投资转化。该方式只涉及高校一方，没有外部企业参与，科技成果的转化由高校独立实施，持有人与转化人重合，所有权、使用权归属高校。高校一般会组织科研人员进行后续研究开发，并取得全部的转化收益，承担全部的转化风险，消除了交易的中间环节，转化成本较低。此种方式适合实力较为雄厚、研发生产链条较为完善的高校，常见的方式是创办校办企业，如清华同方、北大方正、复旦光华等。

②向他人转让。该方式通常涉及两方，科技成果供给方（高校）和科技成果需求方（企业），是指高校将该项科技成果的所有权和使用权、后续风险和收益均转让给企业，包括已经取得、未取得知识产权保护的科技成果，及后续申请知识产权保护的资格等。高校丧失所有人地位，在未获许可的情况下，不能实施该技术。双方通常以签署转让协议的方式转让科技成果，受让方一次性投入的费用较多，包括科技成果受让费用、交易费用和转化科技成果的费用等，同时有的科技成果还需进行资产评估、招拍挂。此方式周期长、过程复杂，一般中小企业很难承

担。但在知识产权转移完成后，有利于受让方后续的融资计划，尤其是不会有国有资产交易的繁琐过程，能够更加精准地把握融资情况。

③许可他人使用。该方式同样涉及两方，但不同于向他人转让，许可他人使用仅转移科技成果的使用权，所有权、风险和收益仍然归属于高校，高校收取许可使用费，使用费金额与该成果实施的效果相关联。在专利实施许可中，通常包括了独占实施许可、排他实施许可、普通实施许可。通常情况下，普通实施许可能够同时授权给多家企业，但从每家企业获得的收益较为有限，排他实施许可和独占实施许可产生的收益过于依赖受让方，很容易受其实施情况的影响。双方通常以签署许可协议的方式交易科技成果的使用权，需对许可期限、许可方式、许可地域范围、回授条款等进行详细约定，否则容易产生争议。

④与他人合作。该方式同样涉及两方，是指以该科技成果作为合作条件，与他人共同实施转化，通常包括委托开发和合作开发两类，即企业提出需求，委托高校进行研发或双方合作研发。此种转化方式下的所有权和使用权，通常由双方签订合同进行约定，如未约定，则权利归属于研究开发人。此种方式下，成本与收益分成核算难度大，所以转化合作协议非常重要，需要特别注意对收益和风险的约定。

⑤作价投资。该方式同样涉及两方，是指高校将科技成果作为无形资产，采取作价金额、折算股份或出资比例的方式进行投资，以股东身份参与企业经营。企业取得科技成果的所有权，高校与企业成为利益共享、风险共担的经营实体。该方式具有持续参与、估值溢价率高、激励效果大等特点。由于科技成果转化的特殊性，往往需要较长周期，才有可能获得投资收益，短期内无法获得真金白银的收入。但是，一旦作价入股企业的产业化取得成功，企业给股东所带来的经济回报，又往往是许可与转让无法比拟的。

⑥其他方式。这种方式是指在前五种转化方式的约定外的一种转化方式。例如，以技术开发、咨询、服务方式转化科技成果。

以案说法

1. 转化方式案例

自行投资转化：清华大学自行投资将其研发的"清华阳光"太阳能电池转化成产品，并成功推向市场。

向他人转让：中科院计算所将自主研发的"龙芯"处理器技术转让给联想公司，联想公司将其应用于电脑产品中，取得了良好的市场反应。

与他人合作：中国移动与华为公司合作，将华为公司的5G技术应用于移动通信网络，共同推动5G技术的发展和应用。

作价投资：阿里巴巴集团将自主研发的"飞天"云计算技术作价投资，折算为股份，与其他投资者共同投资设立了阿里云公司，将其推向市场。

其他方式：建设多元化技术转移平台、知识产权质押融资、知识产权托管及证券化、科技保险、绿色金融、碳交易等。

2. 最优转化方式选择案例

在同济大学与某坤光学的合作中，可以采取作价投资方式，也可采取技术转让方式，还可采取技术许可方式。如果选择作价投资方式，乍看起来成效会更高，但投资程序复杂，分散科研团队的注意力，不利于年轻科研人员的成长。如果采用许可方式，某坤光学不能取得该成果的知识产权，就不能申请高新技术企业认定，也不能享受国家和地方相关扶持政策，因而不利于某坤光学的健康发展。可见，选择技术转让方式是兼顾各方诉求的最简便易行的方式。

律师建议

科技成果转化是一项复杂的系统性工作，涉及科研管理、知识产权管理、人事管理、国有资产管理、财务管理等诸多方面。各种科技成果转化方式，都有自身特点。对于一项科技成果而言，采用不同的转化方式，往往产生的效果、取得的收益也不同，需要统筹考虑，平衡双方的诉求与利益，总体上应该坚持"具体情况具体分析"的基本原则。

维度 1：可以根据自身实力和应用前景的实际情况，选择对应的转化方式。

自行投资转化：具有完整的科技成果研发、转化及产业化链条的高校、科研院所或企业，可以通过自行投资转化，提高转化效率，节约成本。

与他人合作：缺乏转化能力和资金的高校、科研院所或企业，则可以选择与第三方合作，共同进行科技成果转化，共享收益。

转让或许可：技术创新性不突出、市场前景不明显、辅助性的发明创造等科技成果，可优先考虑采取转让、许可等方式实施转化。

作价投资：具有强原创性、突破性、颠覆性和市场应用前景显著的科技成果，建议立足长远，考虑采取作价投资等方式实施转化。

维度 2：可以结合科技成果的技术成熟度和市场成熟度选择转化方式。

转让或许可：技术成熟度和市场成熟度均比较高的成果，可优先选择转让或许可的方式，同时约定相关转化收益。

合作或合作＋许可：技术成熟度和市场成熟度偏低的成果，可通过合作转化、"合作＋许可"等方式。

作价投资：技术成熟度高但市场成熟度不高的成果，可考虑作价投资等方式。

合作或许可：技术成熟度不高、市场成熟度高的成果，可选择合作转化或许可等方式。

第05问 高校科技成果转化在什么情况下需要履行审批与备案程序？如何做到程序合规？

课程音频

本文作者 李群河、庞丽媛

　　一般情况下，高校对持有的科技成果，可以自主决定转让、许可或者作价投资，不需要审批或备案。但有一种情况例外，即涉及国家秘密、国家安全、关键核心技术时，高校需要按照国家有关保密制度的规定履行审批和备案程序，须报国家授权的中央级研究开发机构、高校的主管部门进行审批，并于批复之日起15个工作日内将批复文件报财政部备案。另外，自主决定情况下，高校应按照科技成果转化的定价程序相应要求，通过协议定价、在技术交易市场挂牌交易、拍卖等方式确定价格。通过协议定价的，应当在本单位公示科技成果名称和拟交易价格。

以案说法

　　以北京师范大学为例，北京师范大学根据法律规定制定了《北京师范大学科技成果转化管理办法》，在第3章对转化程序做了明确规定。规定要求科技成果转化应履行校内审批程序，实行集体决策制度，重要事项需进行校内公示，科技成果处置方案审批通过后，应在学校信息门户网站公示成果和交易信息，公示期不少于 15 日，公示期内出现异议的，由科研院会同成果完成人及其所在学部院系拟定异议处置方案，提请复议复审。成果完成人（或成果完成人代表）应以所属校内二级单位的名义向科研院提出科技成果转化书面申请，并拟制科技成果转化协议或实施方案。根据国家相关规定和实际情况，学校可委托科研院会同成果完成人及其所在学部院系，直接发起组织实施科技成果转化。科研院负责对科技成果转化协议或实施方案的合规性进行初步审查。初步审查通过后，由科研院代表学校委托具有国家相关评估资质的专业机构对拟转化科技成果进行价值评估。评估费用由成果完成人支付，如成果转化工作完成，则后期计入科技成果转化成本。按照国有资产管理的有关规定，科技成果转化的价值评估报国有资产管理处备案，并由国有资产管理处按相关规定报上级主管部门备案。对于科技成果转化处置方案，由科研院按下列程序办理报批手续：

拟定交易价格在二百万元以下的，由科研院提交学校知识产权管理和科技成果转化工作领导小组审批；其中拟定交易价格在一百万以下的，授权科研院院务会审议决定后，报分管科技成果转化工作的校领导批准；

拟定交易价格在二百万元以上（含）的，由科研院提交学校知识产权管理和科技成果转化领导小组审议通过后，报请学校党委常委会审批；

成果完成人或对成果转化做出重要贡献人员中包含担任校级领导职务或学校各二级单位正职领导职务的，报经学校干部工作领导小组审议通过后，报请学校知识产权管理和科技成果转化工作领导小组审批；成果完成人或对成果转化做出重要贡献人员中包含担任其他领导职务的，报请学校知识产权管理和科技成果转化工作领导小组审批，获批准的方案报学校干部工作领导小组备案。

律师建议

第一，关键要找准符合自己单位层级的国有资产管理制度，即找准单位所属国资监管体系和单位在国资监管体系的位置、层级。高等院校、科研院所一般属于事业单位，事业单位及其下属企业的国有资产管理体系属于财政体系，财政体系的国资监管层级一般为"本单位—单位主管部门—同级别的财政部门"，如教育部直属高校国资监管层级应为"部属高校—教育部—财政部"，再如某省属高校的国资监管层级应为"省属高校—省教育厅—省财政厅"。第二，找对应的国有资产管理制度时，层级可以从下向上找，高校在寻找相应的制度时按照"本单位—单位主管部门—本级财政部门—财政部"的顺序来找，尽量寻找接近本单位层级部门发布的制度，因为层级越低越符合自己单位的具体情况。

第06问 国家为什么不再倡导高校自行投资实施科技成果转化？

课程音频

本文作者　李群河、庞丽媛

　　自行投资实施科技成果转化指由科技成果所有人自行投入资金、资源和人力，设立转化平台或项目运营主体推动转化，一般通过设立校办企业的方式来实施。不倡导高校自行投资转化的原因：科技成果转化过程中，可能涉及成果供给、技术需求、法规政策、小试中试、成果评价、知识产权、税收与财务、商务、合同、科技金融、检测认证等一系列专业问题，需要高水准的专业人士接续完成，仅依靠高校自身的力量是难以解决的，必须借助社会化专业服务机构的力量。而且，高校对市场不敏感，自行投资转化行为与高校的教学科研定位也不符，实践中很多校办企业最后都惨淡收场，整体来说弊大于利。

　　优点：①这种方式不涉及科技成果所有权的变动，可以让所有人对科技成果的应用方向和商业化进程有更大的掌控权。②科技成果的来源方与吸收方融为一体，消除了中间环节，从很大程度上降低了科技成果转化的交易成本，而且转化效率较高。

　　缺点：①承担全部的风险和责任，增加高校整体的风险。②分散人力资源，难以充分发挥其科研优势。③与高校院所的教学科研定位不符，且基础研究难以直接转化为经济效益。④校企在发展过程中，股权和管理权难以明晰，非常容易"内斗"。⑤缺乏企业管理经营经验，容易出现疯狂扩张，引发债务危机。

以案说法

2022 年 8 月，"清华系"校企 A 控股公司公告违约：因其流动性承压，无法按时或在宽限期内，支付部分到期的两笔美元债。上述两笔美元债目前存续规模 9.5 亿美元，均由相关企业发行，A 控股公司提供无条件且不可撤销担保。这并非 A 控股公司首次发生美元债违约。2021 年 7 月 8 日，A 控股公司尚未支付于 2021 年 6 月 18 日到期的债券利息，其 2022 年和 2021 年美元债都发生了违约事件。自 2020 年四季度以来，A 控股公司一直试图通过质押相关的股份，从国际投资人那里筹集资金，另外还向某市政府申请将价值 12 亿元人民币的土地增资转为现金增资。但最终，A 控股公司还是发生实质性违约事件。

2018 年，清华大学启动校企改革。改革的主线是出让控股权，引入战略投资者，非核心业务剥离。2020 年末，A 控股公司历时三年的校企改革完成，但改革完成后，清华控股及其他三方并列为 A 控股公司第一大股东。实际控制人缺失，A 控股公司陷入股权与控制权的纷争。

律师建议

在选择科技成果转化的方式时，需要综合考量多方面因素，包括知识产权类型及其权利稳定性、科技成果所有人与转化人之间的技术距离（主要指实施科技成果转化应有的技术水平与其实际技术水平之间的差距）、投资能力（也可称之为经费投入能力）、预期收益与风险分担、科研人员的参与度（奖励与报酬机制）、后续研发及其成果归属、相关的技术配套程度、政策支持度、经济社会影响等。由于每种转化方式各有其优点和不足，可以单独使用，也可以结合在一起运用，科技成果所有人应根据自身情况与条件加以选择。

第07问　　科技成果转让价格如何确定？
定价参考因素有哪些？

课程音频

本文作者　李群河、庞丽媛

解-答

　　转让价格可以通过协议定价、在技术交易市场挂牌交易、拍卖等方式确定，但须确保转让价格的公允性。通过协议定价的，科技成果持有单位应当在本单位公示科技成果名称和拟交易价格，公示时间不少于15日。通过在技术交易市场挂牌交易、拍卖进行科技成果转化定价的，可以采取公开询价的方式确定挂牌交易、拍卖前的基准价格。但涉密科技成果转化仅能协议定价，以免在公开挂牌交易或者拍卖中泄露，但应由具有相关资质的服务机构进行价值评估。实践中绝大多数都是通过协议定价方式确定科技成果转化价格，而且多数是在对知识产权进行了资产评估的基础上确定交易价格的。

　　科技成果估价是指科技成果完成人或科技成果持有人对拟交易的科技成果的技术水平、技术难度、成熟程度、知识产权类型及其预期收益、潜在风险等进行评价所作出的一个基本判断，并对其价值进行估算。一般以第三方评估价值作为定价参考。虽然国家规定高校或科研院所向国有全资企业转化科技成果的，可以不进行资产评估；高校或科研院所向非国有全资企业转化科技成果的，由高校或科研院所自主决定是否进行资产评估。但关于科技成果授权许可的资产评估程序，不同高校的规定有所差异，如西北工业大学规定须对实施许可的科技成果进行价值评估，复旦大学规定除了项目公司属于国有全资企业外，对外实施科技成果许可须进行价值评估，武汉大学则规定实施许可的科技成果可不进行价值评估。

科技成果的转让价格的确定，一般要考虑以下因素。

①科技成果的研究成本。根据该成果的研究开发成本，包括人工费，设计费，科研仪器设备使用费或租赁费，消耗的材料费，燃料与动力费，咨询费，会议费，评估费，知识产权申请与维持费等。

②科技成果的市场价值。科技成果的成熟度、所属的市场阶段、市场供求及市场规模、市场上同类技术的成交价等，都会影响科技成果的市场价值，必要时可进行市场调查，综合确定科技成果的市场价值。

③科技成果的转让方式。独家转让、多家合作转让、科技成果入股、转让收益提成等，这些方式对科技成果的价值有不同的影响，其相应的价格也不一样。

以案说法

某研究所甲将包含一批专利技术的科技成果打包卖给某国有企业乙，双方经过多次协商初步达成共识，拟以 2500 万元的价格成交。鉴于双方都是国有机构，双方还约定，按照规范的程序办妥成交手续。在进行正式的成交前，甲通过政府采购程序经过多方比价，选择了一家第三方机构对该批专利技术进行价值评估，评估值为 2700 万元，比原来商定的价格高出 8%。甲将这一评估结果通知乙，乙则如法炮制，也委托一家中介机构又对该批专利技术进行评估，评估值为 2000 万元，比原来商定的价格低了 20%。因此，出现了三个价格。最终甲说服乙还是按原来商定的价格成交，即 2500 万元。某知识产权交易机构丙闻讯赶来，认为成交价应该不低于评估值 2700 万元，存在交易风险，鼓动甲到丙那里去进行科技成果挂牌交易，这样经得起任何检查和审计。甲基于安全起见，与乙商定，到丙那里挂牌，并按照丙的交易规则进行交易。丙收取 2% 的交易手续费 54 万元。

在本案例中，甲乙双方采用了三种定价方式，先是协商定价，其次是评估定价，最后是在公开的技术交易市场上挂牌交易。甲乙双方为双方的交易规范、安全，采用了三种定价方式，浪费了不少费用，延长了交易时间。

律师建议

同时采用三种方式，就难免会产生交易价格的冲突，并大大延长科技成果定价与成交的时间，衍生出新的问题。因此，在实际交易过程中，为了科技成果的高效成功转化，应当采取一种方式定价，对于定价及支付方式建议参考以下因素。

首先，对于内部定价，可在科技成果研究成本的基础上，加成一定比例确定最低可成交价，加成比例可根据该成果预期收益大小确定。

其次，价值评估方面，高校和企业可协商共同委托第三方机构对科技成果进行评估，并就评估过程中拟采用的评估方法、评估模型、有关参数等形成共识，这样得出的评估结果更能使双方接受，然后基于该价格进行下一步的协商和细化。

最后，对于定价和支付方式，可采取里程碑式的方式，以"入门费 + 提成费"这样的构成来确定价格和支付方式。双方的权利与义务是同步增加的，即签订转让协议时，对达到每一个转化"里程碑"及其支付条件、支付金额等作出设定，由企业向高校先行支付一笔基础费用，再根据该成果实施转化情况，按照实际的销售收入或销售量或营业利润的一定比例提取收益。

第 08 问　　科技成果转化如何奖励？

课程音频

本文作者　曾祥坤、赵　亮

　　科技成果转化后对成果完成、转化的重要贡献人进行奖励，意在实施创新驱动发展战略，激发科技成果完成人和转化人的积极性，实现动力转换，加速科学技术进步，推动经济建设和社会发展。

　　奖励的发放采用"约定优先"原则，即如果公司和该职务成果完成人有具体约定，或者公司内部规章制度规定的，则依据相关的约定或规章制度执行。特别说明的是，国家设立的研究开发机构、高等院校规定或者与科技人员约定奖励和报酬的方式和数额应当符合"法定标准"。

　　奖励发放可以采用股权、期权、许可收益等方式进行。

　　由于科技成果包含的概念更广，而且科技成果转化奖励人员不但包括成果完成人，还包括成果转化人，如果科技成果转化中包含有专利技术成果，可认为除去对发明人奖酬部分按《中华人民共和国专利法》（以下简称《专利法》）规定进行奖酬外，也应对成果转化人进行奖酬，合计为《促进科技成果转化法》规定的奖励。

奖励数额在没有约定的情况下的发放标准按照《促进科技成果转化法》第 45 条规定，见下表：

转化类型	奖励人员	奖励标准
转让、许可	为完成、转化职务科技成果做出重要贡献的人员	不低于净收入 50% 的比例
作价投资		不低于 50% 的比例股权或出资
自行实施或者与他人合作实施		投产后连续三至五年，每年的营业利润不低于 5% 的比例

以案说法

某森公司的张×金等人完成了"51CM 低成本纯平彩色显像管研制""51CM 超薄无枕校彩色显像管研制及量产"两个项目，获得了广东省科技成果登记证书。某森公司自行转化实施该两项科技成果。2013 年至 2015 年，该两个项目为某森公司带来利润共计 70888822 元。因涉及该两项科技成果转化奖酬纠纷，张×金诉至法院，要求某森公司支付其应当获得的科技成果转化奖励 236296.07 元（共有 15 人为涉案职务科技成果做出创造性贡献），获得一审二审法院支持。

《促进科技成果转化法》第 44 条明确了职务科技成果完成后应该对完成、转化该项科技成果做出重要贡献的人员给予奖励和报酬的原则，并对科技成果完成单位可以规定或者与科技人员约定奖励和报酬的方式、数额和时限、单位制定相关规定，应当充分听取本单位科技人员的意见，并在本单位公开相关规定等进行了原则性的规定。

《促进科技成果转化法》第 45 条规定了如果科技成果完成单位没有规定或者与科技人员约定奖励和报酬的方式、数额时的最低奖励标准。需要注意的是，由于科技成果相较于专利包含的范围更广，如果一项科技成果包含多项专利技术时，依据《专利法》和《促进科技成果转化法》进行奖励时，可以依《促进科技成果转化法》第 45 条规定确定该项科技成果的总奖励数额，根据该项科技成果所包含的专利贡献比例对专利发明人支付报酬。

律师建议

　　根据上述案例，《促进科技成果转化法》当然也适用于民营企业、外资企业等中国境内的单位，因此，企业应该在做好专利奖励的同时，做好科技成果转化相关奖励工作，防止发生相关纠纷。

　　制定和科技成果转化相关的企业规章制度，可以有效避免和职务完成人、转化人的纠纷，并且可以更好地掌控企业的进行研发及实施的成本。此外，还可以允许企业以更加灵活的方式，对职务成果完成人和转化人进行激励。在制定相关的制度时，应当注意履行相关的法定程序，如召开职工代表大会讨论、公示公告等，并采用拍照、录像、签字等方式对相关程序的履行过程予以记录，以避免潜在争议。

第 09 问　哪些人可以成为高科技成果转化激励对象？如何确定科研人员的奖励和报酬？

本文作者　张芝源

课程音频

解·答

《促进科技成果转化法》第 44 条第 1 款规定：职务科技成果转化后，由科技成果完成单位对完成、转化该项科技成果做出重要贡献的人员给予奖励和报酬。具体来说，科技成果完成单位对完成科技成果做出重要贡献的科技人员、对转化科技成果做出重要贡献的科技人员和对转化成果做出重要贡献的服务人员，均应当确定为高科技成果转化激励对象。

《促进科技成果转化法》第 44 条第 2 款规定：科技成果完成单位可以规定或者与科技人员约定奖励和报酬的方式、数额和时限。单位制定相关规定，应当充分听取本单位科技人员的意见，并在本单位公开相关规定。第 45 条第 1 款对科研人员的奖励和报酬已经做出了明确的规定。

以案说法

东南大学印发了《东南大学促进科技成果转移转化实施方案》的通知，制定了以增加知识价值为导向的收益分配政策，其采用"721"的科技成果转化奖励分配模式，即以技术转让或者许可方式转移转化职务科技成果的，学校从技术转让或者许可所取得的净收益中提取70%用于奖励技术团队和发明人，学校、学院（系）分别按20%、10%的比例对净收益进行分配。以科技成果作价投资实施转移转化的，学校从作价投资取得的收益中提取70%用于奖励技术团队和发明人，学校、学院（系）分别获得20%、10%的收益权奖励。

律师建议

企业在科技成果转化过程中应当落实《促进科技成果转化法》等相关规定，科技成果转化所获收益可按照法律规定，部分用于奖励科技成果完成人和为科技成果转化做出重要贡献的人员，剩余部分留归项目承担单位用于科技研发与成果转化等相关工作，科技成果转化收益具体分配方式和比例在充分听取本单位科研人员意见基础上进行约定。

第 10 问　产学研合作模式如何确定知识产权的归属？

课程音频

本文作者　刘清泉

　　产学研合作模式，是指企业与研究开发机构、高等院校及其他组织采取联合建立研究开发平台、技术转移机构或者技术创新联盟等合作方式，共同开展研究开发、成果应用与推广、标准研究与制定等活动。

　　产学研合作模式的知识产权归属，现行法律法规并未规定具体的归属原则，而是规定由产学研模式下的各主体协商确定。各主体通过签订协议的方式，约定合作的组织形式、任务分工、资金投入、知识产权归属、权益分配、风险分担和违约责任等事项。

　　考虑到产学研合作模式本身为科技成果转化的一种方式，根据《促进科技成果转化法》第 40 条之规定，若未签署相关协议的情况下，该模式项下的知识产权归属按照下列原则进行判断：（一）在合作转化中无新的发明创造的，该科技成果的权益，归该科技成果的完成单位；（二）在合作转化中产生新的发明创造的，该新发明创造的权益归合作各方共有；（三）对合作转化中产生的科技成果，各方都有实施该项科技成果的权利，转让该科技成果应经合作各方同意。

以案说法

2008年，A公司与B高校签署了《产学研合作协议》，协议约定依托双方优势特色，深化产学研融合、校企合作，实现双方合作共赢、共同发展。双方共同搭建信息共享交流的平台，结合各自的特色、专业优势，联合进行基础研究、应用研究和各类技术开发，共建研究小组，实施科学研究与成果孵化，共同推进国家级培训基地。基于A公司相关产品，双方共同探讨产品应用，包括但不限于基础软科学、智慧交通、智慧文旅等研究方向，争取申报多项科研成果。但是，协议中未约定合作过程中的知识产权归属。2019年，A公司起诉至法院，要求判令其对某项科技成果享有共有权利。法院经审理认为，案涉科技成果并非双方合作转化过程中产生的新的发明创造，B高校系案涉科技成果的完成单位，遂驳回A公司的诉讼请求。

律师建议

为避免将来产生争议，通过产学研合作模式进行合作的企业、科研院所、高等院校，应当通过签署书面协议的方式，约定合作的组织形式、任务分工、资金投入、知识产权归属、权益分配、风险分担和违约责任等事项。在设置相关条款时建议关注以下内容：

第一，建立科学合理的利益分配机制。科技成果的自身特点决定了在产学研的合作中收益和风险并存，可以根据投资越大收益越多或者风险越大收益越多的原则进行约定。同时采取多样化的利益分配模式，如技术入股、分红等。

第二，建立公允公正的利益评估机制。双方可以约定，若对知识产权价值产生争议时，可以共同委托有资质的第三方机构对知识产权进行评估。

第三，建立合理有效的利益激励机制。平衡合作各方的利益诉求，寻找各方的利益共同点，建立一套合理有效的激励机制。

第 11 问　科技成果选择专利保护还是技术秘密保护？

课程音频

本文作者　董新宇

如科技成果对保密性要求高、保密期限久、易通过反向工程获取，则采用技术秘密进行保护；如科技成果对保密性要求相对不高，且科技成果具有行业垄断性，即使向公众公开也难以获取其中技术秘密，则采用专利权进行保护。

技术秘密保护的客体，主要指技术秘诀、工艺流程、设计图纸、技术数据、化学配方、制造方法、技术资料、技术情报等技术科学方面的专有知识。根据我国《专利法》规定，受保护的对象包括发明、实用新型、外观设计三种发明创造。对于企业研发的技术成果，既可以申请专利也可以作为技术秘密进行保护。采用专利保护最大的优点在于产品的独占和垄断本行业，但是专利保护仍然存在自身缺陷，具体为：①专利保护有期限。发明专利的保护期限为 20 年，外观设计专利的保护期限是 15 年，实用新型专利保护期限为 10 年，超过该期限后即成为公知技术；②专利保护具有秘密破坏性。因为申请专利需要将企业的发明公之于众，该技术会成为公知技术，一经公开其他企业可以在已公开的专利的基础上，进行创新获得新专利，同时也给不法企业侵犯专利提供了条件；③专利保护需要花费一定的成本，相关企业每年都要按时缴纳费用。

因知识产权的主要目的是鼓励创新，从专利权公开技术特征、专利权保护设定期限等行为可以看出，专利保护并不排斥他人通过合法手段对已过保护期限的专利技术创新，甚至是对现有专利进行创新。所以在对相关科研成果的保护上，是无法达到与技术秘密保护相匹配的保密性。虽然商业秘密保护范围大于专利保护范围，但是商业秘密成立要求严格，一旦泄漏将失去其价值，这两种手段对于企业技术保护都起到了举足轻重的作用，有一定的重叠关系，各种因素相互缠绕和并存。企业在进行决策时，需要考虑多方面因素，才能选择最合适的方案。

以案说法

1. 郑州蓝某商贸有限公司（原告）与某科技有限公司（案外人）签订合同约定，由某科技有限公司负责技术支持，原告负责投资和管理，双方合作建立生物治疗中心。同日原告与河南大学第一附属医院签订《合作协议》组建生物治疗科。被告被河南大学第一附属医院任命为生物治疗科副主任，后被告解除双方之间的劳动合同关系。被告与河南大学淮河医院签订《聘任协议书》约定被告到该院转化医学中心工作。原告认为被告在辞职后，利用其在原告处掌握的核心技术和运营方式与其他医院合作，严重侵犯了原告的权益。原告的技术全称为"生物免疫治疗技术"，原告并未就此申请备案或者专利保护。故原告以侵犯其技术秘密为理由向法院提起诉讼。

法院认为，技术秘密系商业秘密，属于不为公众所知悉，能为权利人带来经济利益具有实用性并经权利人采取保护措施的信息。本案原告认为其技术属于技术秘密应当举证商业秘密的具体内容，否则法院无法进行实质性审查。在本案诉讼过程中，原告没有明确技术秘密点的具体数值、参数等信息。因此法院认定其没有达到举证义务要求，不予支持原告诉讼请求。

2. 刘某在原告公司担任技术人员，在此期间签订了《保密协议》与《竞业禁止协议》，后双方欲解除劳动关系，被告入职第三人公司担任研发中心性能工程师，后第三人公司向国家知识产权局申请相关专利。原告以刘某侵犯其技术秘密为由，向法院提起诉讼。

法院认为，根据《最高人民法院关于审理不正当竞争民事案件应用法律若干问题的解释》第 14 条的规定，原告应对商业秘密（包含技术秘密）符合法定条件的证据，包括载体、具体内容、不为公众所知悉、商业价值及其采取的保密措施负举证责任。法院对原告所称的对技术秘密应当审查其保密性、商业价值和秘密性三个要件，虽然该技术信息与涉案专利申请中对相关权利要求构成相同或者实质相同，但是相关技术信息在百度文库、道客巴巴等网站上公开。在原告没有证据反证该类网站所显示的文档上传时间与涉案文档的真实上传公开时间存在不一致的前提下，法院采信网站文档上传时间为涉案文档公开时间，且早于被告辞职时间，因此该技术信息不符合技术秘密的秘密性要件，不予支持原告诉讼请求。

律师建议

企业应当根据不同情况确定保护方式，选择专利保护还是技术秘密保护，具体可以参考以下五个方面。

第一，科研成果价值的期限。企业需要评估自己企业科研成果价值的期限，如果该期限没有超过专利保护的期限，则可以选择专利保护。若企业的科研成果会长期给企业带来经济利益，那么企业可以选择技术秘密保护，因为技术秘密的保护不受期限限制。例如，可口可乐一直尚未申请专利。

第二，反向工程的难易性。反向工程是指通过技术手段对公开产品进行拆卸、分析等而获得该产品有关技术信息。反向工程是一种合法获取技术信息的手段，本身具有合法性，我国并未将此认定为侵犯技术秘密的行为。因此，如果企业成果容易被反向工程，那么企业最好采用专利保护，或考虑采用技术秘密保护。

第三，相关领域的技术发展速度。在其他条件相同的情况下，如果本领域技术发展较快，其他竞争企业则可能会在短时间内研发出相同或者类似的技术方案，此时选择专利方式保护该企业的技术成果较为合适；如果本领域技术发展较慢，那么采取技术秘密保护较为合适。

第四，经济价值的大小。企业申请专利保护需要向相关专利部分支付一定的专利费用，故应从企业自身的成本－利益的角度考虑，对于经济价值低的科研成果可以选择技术秘密进行保护，而对于那些经济价值高并且市场需求量大的产品或者技术应同时采取专利保护和技术秘密保护。

第五，能够获得专利的可能性。专利要求产品同时具备新颖性、创造性和实用性，而且法律还规定了不授予专利的相关情形，参见《专利法》第 5 条。通常，企业会有一些专利技术或者革新等，但并不完全具备申请专利的条件。如果企业不具有申请条件但是又进行申请的话，那么不仅不能申请到专利，还会将其技术变成公知技术，所有的企业都可以使用。因此，企业在选择相应的方式保护科研成果时，应当分析科研成果被授予专利的可能性，对于被授予专利可能性高的技术可以选择专利保护，反之应当考虑技术秘密保护。

企业考量上述因素却仍然无法决策的情况下，最好选择专利保护。因为从我国目前的企业发展状况来看，许多企业都没有建立专门的技术秘密保护体制，技术秘密遗漏的现象时有发生，由于专利保护具有排他性，因此在无法明确选择时，选择专利保护风险更小，效益更高。

第 12 问　如何通过知识产权的方式保护科技成果？

课程音频

本文作者　董新宇

　解·答

　　通过申请专利的方式进行保护。科技成果是指在某一科学技术问题上，通过研究活动取得的具有一定学术意义或实用价值，并获得实践检验及社会承认的创造性劳动结果。当科技成果满足了具有新颖性、创造性和实用性的条件，即可考虑申请专利，主要分为发明专利、实用新型专利和外观设计专利。根据科技成果中创造性的大小、需要保护的期限长短以及申请时间的紧迫性选取适合的专利申请。对于已取得专利权的科技成果，可以通过民事诉讼和专利行政执法两种形式进行维权。根据我国《专利法》第 65 条的规定，专利权被侵犯的，专利权人或利害关系人既可以向人民法院提起诉讼，也可以请求管理专利工作的部门处理。其认定侵权行为成立的，可以责令侵权人立即停止侵权行为，侵权人期满不起诉又不停止侵权行为的，管理专利工作的部门可以申请人民法院强制执行。进行处理的管理专利工作的部门应当事人的请求，还可以就侵犯专利权的赔偿数额进行调解。

以案说法

1. A 公司自行研发了一种沐浴刷，并取得了实用新型专利权，后 B 公司在网络购物平台上销售该沐浴刷产品。A 公司向人民法院提起诉讼，要求 B 公司承担停止销售、许诺不再销售和销毁库存产品的民事法律责任并进行赔偿。我国知识产权司法保护中坚持"严格保护"原则，所谓严格保护，就是指根据专利权的创新程度高低、侵权行为情节轻重等，合理确定保护范围和保护强度，实现科技成果类知识产权保护范围和强度与其创新高度和贡献程度相适应，达到鼓励创新、制裁故意侵权、维护公平有序的市场竞争秩序的目的。法院结合上述原则综合判断认为 B 公司销售产品纳入了 A 公司实用新型专利的保护特征，进而支持了 A 公司的诉讼请求。

2. A 公司合法取得"剪式膨胀螺栓"发明专利，B 公司制造并销售同类型产品。A 公司发现后诉至法院，要求 B 公司立即停止生产涉案专利产品，并赔偿 A 公司独占许可给 C 公司的专利许可费损失。二审法院归纳本案的争议焦点为：A 公司是否为本案适格原告；被诉侵权产品的技术方案是否落入涉案专利权的保护范围；B 公司是否存在制造被诉侵权产品的行为；原审判决的赔偿金额是否适当。经综合判断，法院认为被诉侵权产品落入涉案专利权的保护范围，该科研成果应当受专利权保护。

律师建议

诉讼是企业用以保护自身合法的知识产权权益的最终也是最重要的方式，充分发挥《专利法》及《中华人民共和国反不正当竞争法》（以下简称《反不正当竞争法》）的保护作用，实现对科研成果的最大保护。在通过诉讼防护保护自身的知识产权权益时，企业应当注意以下几点。

第一，注意防范企业内部人员可能的专利侵权行为。根据我国《专利法》的规定，执行本单位的任务或者主要是利用本单位的物质技术条件所完成的发明创造为职务发明。而职务发明中最常见的就是员工在本职工作中完成的发明创造和为完成本职工作之外的任务所做出的发明创造。因此为预防可能发生的专利侵权行为，以及在将来的诉讼中更高效地维护自身合法权益，企业在为员工进行职务发明创造提供相应条件和支持的同时，应当通过书面文件的形式明确且详细地说明员工所从事的工作内容、过程及预期成果，要求员工签字确认相关记录，并注意留存各种形式的讨论交流资料。

第二，诉讼是解决专利侵权纠纷最重要且最终的方式，但并非唯一的方式。为尽可能降低企业经营成本，避免企业陷入漫长、复杂的专利侵权诉讼中，尽快达到定纷止息的目的，企业可以依法请求管理专利工作的部门介入处理专利侵权纠纷，管理专利工作的部门既可以组织双方进行调解，也可以依法认定侵权行为成立，并责令侵权人立即停止侵权行为，甚至最终在侵权人期满不起诉又不停止侵权行为时，可以申请人民法院强制执行。

第三，专利侵权诉讼中应当尤其注重诉前和诉中保全。根据《专利法》第72条、73条的规定，专利权人或者利害关系人有证据证明他人正在实施或者即将实施侵犯专利权、妨碍其实现权利的行为，可以向法院申请财产保全或行为保全，以制止侵权人的违法行为，保护自身合法权益。在证据可能灭失或者以后难以取得的情况下，专利权人或者利害关系人还可以在起诉前依法向人民法院申请保全证据。此外，当原审法院虽已作出关于责令停止侵害涉案专利权的先行判决，但并未生效时，如果情况紧急或者可能造成其他损害，且第二审人民法院无法在行为保全申请处理期限内作出终审判决的，专利权人可以再次提出行为保全申请。

第四，在利用专利权保护科技成果时，需要注意保护范围。根据《专利法》第59条，发明或者实用新型专利权的保护范围以其权利要求的内容为准，外观设计专利权的保护范围以表示在图片或者照片中的该产品的外观设计为准。对于利用专利权保护的科技成果，可以对制造、销售等行为进行起诉，其强调的是通过对根据公开的专利信息"二次加工"行为的制止来达到对科研成果的保护，但无法避免公众对公开的科研成果进行学术性研究，包括撰写相关论文。

　　第五，在利用专利权保护科技成果时，需要注意保护期限。根据《专利法》第 42 条，发明专利权的期限为 20 年，实用新型专利权和外观设计专利权的期限分别为 10 年和 15 年，均自申请日起计算。在专利权到期后，该专利技术就会变成公知技术，任何人都可以免费实施。所以通过专利权保护的科研成果，具有一定的时效性，如对该科研成果的要求保护期限久，则不建议采取申请专利进行保护。

第 13 问　如何通过商业秘密的方式保护科技成果？

课程音频

本文作者　董新宇

　　要通过商业秘密的方式保护科技成果，首先应确定该科技成果属于商业秘密的范畴，满足商业秘密不为公众所知悉、具有商业价值、经权利人采取相应保密措施三个特征。其次是要完善企业合规管理，做好事前监管，包括锁定商业秘密范围、建立商业秘密管理制度、持续有针对性地采取保密措施、加强员工管理与培训，不断完善企业对商业秘密的保护等。最后是做好事后维权，发生商业秘密泄漏时，企业应积极利用法律手段，维护合法权益。根据我国法律规定，在不同情况下，侵犯商业秘密可能承担刑事责任、行政责任或民事责任。

　　根据《反不正当竞争法》第9条第4款的规定，商业秘密指不为公众所知悉、具有商业价值并经权利人采取相应保密措施的技术信息、经营信息等商业信息。同时，根据《最高人民法院关于审理侵犯商业秘密民事案件适用法律若干问题的规定》第1条第1款的规定，技术信息包括与技术有关的结构、原料、组分、配方、材料、样品、样式、植物新品种繁殖材料、工艺、方法或其步骤、算法、数据、计算机程序及其有关文档等信息。

根据《中华人民共和国刑法》（以下简称《刑法》）第 219 条的规定，侵犯商业秘密，情节严重的，处 3 年以下有期徒刑，并处或者单处罚金；情节特别严重的，处 3 年以上 10 年以下有期徒刑，并处罚金。

根据《反不正当竞争法》第 21 条的规定，侵犯商业秘密，将被监督检查部门责令停止违法行为，没收违法所得，并处罚款。

《中华人民共和国民法典》（以下简称《民法典》）第 501 条和《反不正当竞争法》第 17 条第 3 款，均有规定侵犯商业秘密应承担赔偿责任。同时《最高人民法院关于审理侵犯商业秘密民事案件适用法律若干问题的规定》对涉及侵犯商业秘密的民事案件有关问题进行了详细规定。

以案说法

1. 南方中金某股份有限公司诉浙江某泵业有限公司、赵某高等侵害商业秘密纠纷案中，原告南方中金某股份有限公司（以下简称中金公司）的主营业务包括研发、生产、销售各种泵类产品，在研发、生产过程中设计完成各类产品图纸。中金公司采取制定公司员工手册、签署保密条款、实施技术软件加密等措施保护其产品图纸等商业秘密。被告赵某高、吴某忠、金某明、姚某保均为中金公司前员工，在原告公司担任生产负责人、技术员等工作。被告浙江某泵业公司（以下简称某泵业公司）系赵某高、金某明从原告处离职后投资成立的企业，经营范围包括水泵、供水设备的生产、销售、研发。被告吴某忠、姚某保从原告处离职后相继加入某泵业公司工作。中金公司经市场调查发现，某泵业公司生产销售的立式多级离心泵 SDL32 系列产品与中金公司生产销售的 CDL32 系列产品基本相同。中金公司认为上述五被告侵害了其商业秘密，遂诉至法院，要求停止侵权、赔偿经济损失及合理费用。

杭州市中级人民法院经审理认为，涉案技术图纸所承载的技术信息，可以实际用于水泵的加工，具有现实的经济价值，可以为原告带来竞争优势，符合商业秘密具有商业价值的要求。原告通过制定员工手册、使用保密软件对涉案技术图纸的接触人员进行管控等方式，对涉案技术图纸采取了相应的保密措施，符合商业秘密的保密要求。对于秘密性要件，涉案技术信息系经重新组合设计而成的新的技术方案，既无法通过查阅公开资料或其他公开渠道得到，也无法通过反向工程测绘产品实物获得，故这些技术信息不为公众所知悉。法院认定某泵业公司的被诉侵权技术图纸实际使用了原告的涉案商业秘密，构成商业秘密侵权。

综上，该院判决被告某泵业公司于判决生效之日起立即停止侵害原告中金公司涉案技术图纸商业秘密的行为，并于判决生效之日起十日内赔偿原告中金公司经济损失及为维权支出的合理费用 110 万元。

2. A 公司系半导体设备研究所，B、C、D 系原 A 公司员工，在 B、C 离职进入 D 公司后，D 公司在极短时间内就完成了半导体相关设备的研制和产业化，后 A 公司诉至法院，提出 D 公司明显的行为不符合常理，显然是因为其侵犯了 A 公司的商业秘密，并要求其停止侵害、赔偿损失。一审法院认为 A 公司对其商业秘密的举证未明确其所主张权利的客观内容，其起诉不符合法定条件，对其起诉予以驳回。二审法院认为 A 公司主张的技术秘密范围是图纸所载技术信息和 3 个软件文档及特定缺陷，技术秘密的内容是明确的，故撤销原判决。

律师建议

第一，梳理企业商业秘密清单。确定企业商业秘密的范围，评估适合的保护方式，识别商业秘密并形成商业秘密清单。清单的内容可以包括商业秘密的名称、密级、管理人、载体、保密期限、查阅范围等。对于商业秘密，需要注意对其载体的保护，并要明确商业秘密的具体内容、企业须知，公众能够通过公开渠道所获取的商业技术等不构成商业秘密。

第二，完善企业商业秘密保护制度。建立健全企业商业秘密认定、更新和解密流程、商业秘密分级分类标准等制度。企业商业秘密管理制度可以形成企业统一的管理制度或保密手册，也可以分阶段、分项目、分部门制定相应的制度。

第三，规范企业商业秘密相关合同、条款规定。对外，商业合作中，注意签订保密协议或有关商业秘密的保护、保存以及违约责任的条款，增强防范意识，保护商业秘密。对内，加强企业与员工之间的劳动合同、保密协议、离职协议、竞业限制协议等涉及商业秘密的管理与规定。除了与企业高管人员和关键技术人员在入职、离职时签订保密协议、竞业限制合同以外，还可与相关员工明确约定职务智力成果的权属，尤其是劳动合同解除或无效后的权属问题，避免商业秘密泄露或发生知识产权纠纷。在技术部门员工离职时，最好再与其签署保密协议，对商业秘密的内容及保密期限进行明确约定。

第四，加强企业员工商业秘密保护培训。建立长效的职工保密教育机制，采取各种方法和途径加强对员工保密常识、保密义务、防窃密、防泄密教育，不断增强员工保密义务观念和防范商业间谍意识。

第五，注意商业秘密保护的"明确性"。因商业秘密的保护具有秘密性、相对性，保护期限具有长期性等特点，且其在侵权认定时对企业商业秘密的"明确性"要求较高，故企业内对商业秘密的保护时须明确对商业秘密的具体界定范围，对相关商业秘密的载体进行严密保护，一旦相关载体不得不进行转载时，需注意转载留痕。

第14问　如何运用"专利－技术秘密"结合模式保护科技成果？

课程音频

本文作者　董新宇

解·答

　　技术秘密与专利之间存在一定的重叠关系，权利人就同一项技术成果既可以申请专利，受到《专利法》的保护，也可以选择作为技术秘密得到《反不正当竞争法》的保护。那么，权利人到底应当选择专利保护、技术秘密保护还是"专利－技术秘密"相结合的保护模式呢？"专利－技术秘密"结合模式又该如何运用呢？

　　专利保护模式与技术秘密保护模式各有其利弊，在专利布局时，权利人应深入分析自身业务、技术、市场竞争特点，充分考虑技术秘密保护和专利保护的特点与差异性，结合自身需要，在专利申请与技术秘密保护之间做出权衡选择。同时，专利保护和技术秘密保护并不是二选一的关系，在条件允许的情况下，可以就不同技术内容设计"专利－技术秘密"的组合保护模式，用专利申请保护宏观的原理、外显的功能，用技术秘密保护实现功能的技巧和关键参数。

　　根据《反不正当竞争法》第9条与《最高人民法院关于审理技术合同纠纷案件适用法律若干问题的解释》第1条的规定，技术秘密是指未被合法持有人所公开的、具有商业价值且处于保密状态下的技术信息。

　　专利保护与技术秘密保护是技术管理的两种重要方式，但二者采用完全不同的保护模式，保护范围也有差别，力度上各有优势，提供了两种可以交叉互补的保护机制。这就要求企业作为技术知识的拥有者，认真分析两种方式的不同特征，充分利用其各自的优势，选择合适的保护手段，最终形成一个完整严密的技术知识保护体系。二者的具体区别如下。

　　①构成条件不同。构成技术秘密要求该技术不为公众所知悉（即秘密性）、能带来经济效益（即商业性）、被采取保密措施（即保密性）；而授予专利权的技术成果则应当具备新颖性、创造性和实用性。技术秘密与专利的最大区别即在于是否公开，申请专利的科技成果，无论此前是否公开，一旦申请专利，就意味着该科技成果在网上的公开，从而丧失了秘密性。

　　②权利保护方式不同。技术秘密持有人的权利主要体现在阻止他人以不正当方法使用其技术秘密，如窃取他人技术秘密、违反保密条款向他人透露技术秘密等。技术秘密持有人无权制止他人通过正当途径发现或者获取技术秘密的行为。专利权人对专利技术享有排他的专有权，任何单位或者个人实施他人专利的，除《专利法》有关规定强制许可和不视为侵犯专利权的情况以外，都必须与专利权人订立书面实施许可合同，向专利权人支付专利使用费。

　　③保护力度不同。专利的保护强度最高，对权利人而言是相对最有力的保护方式，专利保护期内任何人未经许可都不得制造、使用、许诺销售或者销售侵害专利权的产品；而技术秘密允许他人独立研制开发出相同的技术方案并同样获得保护。

　　④公开性不同。技术秘密是不公开的技术，以不公开来维持技术上的竞争优势；专利是公开的技术，以公开来换取垄断的排他优势。

⑤保护期限不同。技术秘密的保护期是以其保密状态的存续期间为准，只要严守秘密，并且不被新技术所取代，其保护期是无限的，如美国"可口可乐"配方的保密，至今已有100多年；而专利的专有使用权有法定的保护期，期满之后，专利权将会自行消灭，相应的技术进入公有领域，任何人均可任意使用。

⑥适用法律不同。技术秘密的保护主要适用《反不正当竞争法》《中华人民共和国反垄断法》（以下简称《反垄断法》）保护；专利主要适用《专利法》保护。

"专利－技术秘密"结合模式（Know-How-Patent），即在可行的情况下，通过合理布局，在进行专利保护时保留适当的技术秘密，使企业既获得一定的权利保护，又不会因某些特定的技术细节被公开而造成创新成果的损失。技术秘密保护模式的优点在于技术信息无需公开、不受保护期限的限制，但缺点在于维权难度大，并且一旦秘密泄露，就会使技术秘密权利绝对丧失，没有任何回转的可能。专利保护模式的优点在于保护力度大、不受秘密性的限制，但最大弊端是必须向社会公开技术内容，相当于无偿向竞争对手提供了自己研发方向和市场开拓方向的信息，从而引发下一轮的激烈竞争。而"专利－技术秘密"结合模式充分考虑到了两种模式的利弊，在创新产品和技术保护时充分发挥两者各自的优点，规避其缺点，以期达到最佳的保护效果。

采用恰当的技术秘密和专利相结合的方式来保护创新产品或者技术时，竞争对手即便获知了企业公开的专利内容，但因为缺少达到更好效果的技术秘密来配合，即使能把技术实现，在市场上也不具有竞争优势；而如果竞争对手对企业构成技术秘密的部分形成了突破，或者通过其他渠道获知了企业的技术秘密后，又会受制于企业的专利保护，不采用企业的专利技术就实现不了，而如果采用了就会受到侵权打击的威胁。

以案说法

1. 2014 年 6 月，某车企总裁宣布对外开放其所有专利，免费供竞争者应用，2019 年 1 月再次宣布开放某车企的专利。这看似违反常理的举动，与某车企独特的技术路线与知识产权保护策略密切相关。某车企的专利主要在于结构层面，尤其是车身结构占了相当多的比例。某车企的核心技术都是通过技术秘密的方式保护，主要是软件源代码的形式保护。例如，电机控制的具体编码，某车企并未申请专利。电机的控制程序与车辆的加速和操作性能相关，不少开过电动车的司机都反映，加速踏板总感觉不太灵，驾乘者很难适应，但某车企的加速曲线相对平稳，这实际也是背后的软件作用。这一点某车企是通过源代码的形式去构成技术秘密保护。

所以，某车企虽然公开了所有专利，但其最重要的是技术秘密的部分。即使大众从公开渠道可以获取其专利部分的科技成果，但最重要的技术秘密未进行公开，导致公众无法通过反向工程获取其未公开的技术秘密，这样既达到了公开科研成果获取专利权保护的目的，又形成了未公开商业秘密的技术壁垒。

2. 小 A 系一家计算机公司员工，负责研发计算机相关的技术。在成功研发了某一项计算机相关科研成果后，小 A 不知道该用何种手段保护自己的科研成果。经咨询相关律师，小 A 最终决定采取申请专利的方式保护自己的科研成果，主要考虑如下：计算机系统更新速度快，相关科研成果很容易被淘汰，故步自封难以长久，若通过技术秘密保护，虽然可以暂时获得保密性，但很难跟上市场对计算机科技的需求，因此可以通过申请专利先取得专利权保护，后在现有基础上自己继续开发创新；相关科研成果必须通过公开在市场上使用才能获取收益，但一旦该科研成果公开很容易通过反向工程被破译，因此通过专利权进行保护，可以对他人制造、销售等"二次行为"进行规避，一旦有人未经许可制造、使用、许诺销售、销售、进口其专利产品或者使用其专利方法的，小 A 即可通过诉讼等方式进行维权。

律师建议

企业在采取"专利－技术秘密"结合模式对科技成果进行保护时，需要从宏观上来判断产品或者技术中的哪些部分需要采用技术秘密保护，哪些部分需要采用专利保护，可以从以下维度考虑。

第一，制造产品的方法、工艺和不容易通过反向工程破译的某些产品"秘方"可以优先考虑作为技术秘密保护，但容易被反向工程破译的产品则建议用专利保护。第二，相应的技术方案必须通过委托他人加工或者代工的方式才能实施或获得经济效益的，因难以严格保密，适宜采用专利保护。第三，一项技术方案或者技术信息如果能够长期持久地带来经济价值且易于保密的，如配方，适宜采用商业秘密保护，而对容易随着社会进步会被逐渐淘汰的，则建议选择专利保护。

第 15 问 如何通过"专利－论文"结合模式保护科技成果？

课程音频

本文作者 董新宇

解 答

　　"专利－论文"结合模式是指，科研人员既通过申请专利，又通过撰写学术论文的方式对自己的智力成果进行法律上保护的一种模式。专利和学术论文都是我国知识产权保护的对象，都要求具备创新性，但两者仍存在显著的区别。根据《专利法》第 22 条的规定，授予专利权的发明和实用新型，应当具备新颖性，这是申请专利保护的重要条件之一。而学术论文侧重于对新的理论体系、某一领域的研究进展等的探讨，往往不需要严格地要求新颖性。

　　以论文形式发表出来的技术成果，属于科学领域内具有独创性的智力成果，归属于著作权的客体，受到《中华人民共和国著作权法》（以下简称《著作权法》）的保护，他人在未经过权利人允许的情形下，不能通过复制、转载等方式利用该论文。然而，论文中所描述的技术方案本身并不受《著作权法》保护，他人即使在未经过权利人允许的情形下，仍然可以任意、无偿地利用论文中所公开的技术方案进行制造、销售等活动。可见，《著作权法》注重保护的是作者具有独创性的思想表达形式，而对作者思想本身的保护可以说是微乎其微。而通过专利权保护的科技成果，注重于对科技成果所描述的技术方案进行保护，他人不能通过受专利权保护的技术成果，制造产品、销售产品，其重点在于保护科技成果本身。

现在的问题在于，我国许多企业、高校和科研工作者在探求研究和发明创造成果的同时，往往过于注重发表学术论文，或在做出研究和发明创造之后，抢先以论文形式发表，从而忽略了第一时间将科研成果转化为《专利法》上保护的专利成果。更为严重的是，若是提前发表的论文与准备申请的专利为同一主题，极有可能会被认为论文的发表破坏了专利申请的新颖性，导致该专利技术因为失去新颖性而不能获得专利保护。因此，对于有保护价值的科研成果，将其转化为专利成果是首要选择。

以案说法

1. 在某子磁共振有限公司（以下简称某子公司）与上海某影医疗科技有限公司（以下简称某影公司）专利权权属纠纷一案中，最高人民法院经过再审认为，2010 年 6 月，余某等人在有关的期刊中刊登了涉案论文，2011 年 12 月 28 日，某影公司向国家知识产权局提出 46 号案专利申请，涉案论文的公开发表使得涉案无线槽技术成为所属领域技术人员普遍知悉和容易获得的技术方案。对于已被公开的无线槽技术，某子公司既不享有专有的知识产权，亦不具有禁止他人使用的权利。因此，某子公司关于 46 号案专利归其所有的主张依法不能成立。

由此可知，如采用"专利—论文"结合模式保护科技成果，应当优先申请专利，以尽量避免科技成果被公开并普遍知悉，导致科技成果丧失专利新颖性。

2. A 公司系某项科研成果的专利权人，B 公司根据该项科研成果发表相关论文，后 A 公司诉至法院，认为 B 公司侵犯了其专利权，要求 B 公司停止侵害并赔偿损失。法院认为，专利权保护的是具有独创性的科研成果本身，而论文是通过《著作权法》保护，保护的是文字表达，二者客体不同，所以不支持原告诉讼请求。

律师建议

　　在通过"专利－论文"结合模式保护科技成果时，建议采取下列方式。第一，做好事前保密措施，不论是论文发表还是专利申请，都尽量地做好事前保密措施，以防止事前泄漏而被认定为丧失独创性或新颖性。第二，对于同一主题，尽可能地先申请专利，后发表文章，避免先发表的文章对后申请的专利形成新颖性抵触。第三，如果论文实在因为特殊情形需要在专利申请之前发表，可以在论述部分尽可能地回避专利将要保护的结构和方法，转而侧重于对取得的应用效果和成果进行分析，选对合适的论文立题角度，尽可能保证论文内容不与专利保护方案相重叠。第四，在对科研成果申请专利的时候，就要做好该科研成果被公众所知悉并利用的准备，因为专利权的保护范围是有限的，可以选择通过论文的形式公开该科研成果，以著作权的形式加强专利保护。采用"专利－论文"结合模式能同时获得《专利法》与《著作权法》的保护，既可以对制造、销售等行为进行保护，又可以通过独创性的表达加强对科研成果的保护。

第 16 问　保护科技成果过程中如何应对恶意专利诉讼？

课程音频

本文作者　杜　宇

　　2011 年修正的《民事案件案由规定》将"因恶意提起知识产权诉讼损害责任纠纷"列为新增案由的同时，认为"当事人为获取非法或不正当利益为目的而故意提起的在法律上或事实上无依据的诉讼，即构成恶意诉讼"。恶意专利诉讼通常表现为行为人明知其权利基础存在瑕疵，甚至通过专利申请创设有瑕疵的权利基础，再通过积极的行动将对方当事人拖入诉讼程序，以此达到某些维权之外的目的。例如，利用申请程序的漏洞欺诈审查部门，将普遍公知的技术方案申请为专利后向相关企业提起批量诉讼等。应对恶意专利诉讼，可以采取"事前与事后结合，以防为主，以攻为辅"的诉讼策略。一方面加强对存在侵权风险的专利的排查；另一方面采取强硬的诉讼策略，在尽可能快速地解除财产保全的同时申请加速审查涉案专利无效请求程序。此外还可以对恶意诉讼人提起反诉，请求其赔偿因恶意诉讼产生的损失。

以案说法

　　1. 在"科创板专利纠纷第一案"某翰科技与重庆某山专利侵权一案中，

重庆某山就八项专利向某翰科技提起专利侵权诉讼。某翰科技随即以重庆某山恶意提起知识产权诉讼损害赔偿为由在重庆市第一中级人民法院起诉重庆某山，并对重庆某山起诉其专利侵权的八项专利提起了宣告专利无效程序，在 2019 年 8 月又对重庆某山的另外七项专利向国家知识产权局申请了宣告专利无效。最终，重庆某山提起的八项专利侵权诉讼中，除 394 号、402 号案件败诉外，其余六项因涉案专利被国家知识产权局宣告专利权全部无效而于 2019 年 11 月撤诉。

2. 在我国首例知识产权恶意诉讼案件某发公司案中，南京中院认为，袁某作为相关行业从业多年的专业人士，应当熟知相关国家标准。其将国家标准中披露的技术方案申请专利，应当认为主观状态是缺乏诚实信用的，构成恶意申请，所以基于该应当被认定为自始无效的专利起诉某发公司专利侵权的行为构成恶意诉讼。对于恶意的识别，南京中院主要从以下几个方面出发：第一，行为人通过实用新型专利不进行实质审查的制度，将公知的国家标准申请为专利，权利依据存在严重瑕疵，甚至连基本的新颖性要件都难以满足；第二，作为在本领域从业多年的专业人士，行为人应当熟知涉案专利涉及的技术背景，遑论该领域通行的国家标准；第三，被告作为同行业竞争者，行为人恶意申请专利并将其拖入专利侵权诉讼、专利行政诉讼等诉讼旋涡，干扰了被告正常的生产经营活动。可见，涉案专利权无效的事由和行为人的身份信息可以成为反推其主观状态的重要依据。需要注意的是，鉴于案发时其尚无专门针对恶意诉讼的案由，该案中被告采取救济的方式是直接在本案中提起反诉。

律师建议

首先，企业在准备上市的过程中，要对竞争对手的专利情况进行充分详尽的调查，同时也对自己所有的存在侵权风险的专利进行梳理评估。一旦发现竞争对手有类似专利或涉诉，就应当尽快开展侵权及专利无效评估，可以聘请或委托相关机构出具《法律意见书》《授权专利检索报告》《司法鉴定意见书》等，以加强对可能发生的恶意专利诉讼的预期掌握度。其次，以专利权人滥用专利权作为抗辩理由。在专利侵权的抗辩理由中，以专利权本身瑕疵作为突破点往往能够给权利人以致命的打击。再次，对恶意诉讼人的案涉专利提起无效行政程序，动摇恶意诉讼人的诉讼基础。遭遇专利恶意诉讼，应当尽快申请加速审查涉案专利无效请求程序，一旦恶意诉讼人的涉案专利被宣告无效，其恶意诉讼也就自动瓦解。最后，可以向恶意诉讼人提起反诉或另行起诉要求赔偿。实践中也有一些判决支持了这一类诉讼的诉讼请求。

第17问

什么情况适合以科技成果作价投资，应当通过哪些程序？

课程音频

本文作者 王晓珺

解 答

　　根据《促进科技成果转化法》的相关规定，科技成果持有者可以采用以科技成果作价投资，折算股份或者出资比例的方式进行科技成果转化。根据国务院《实施〈中华人民共和国促进科技成果转化法〉若干规定》，国家设立的研究开发机构、高等院校在科技成果不涉及国家秘密、国家安全的情形下，可以根据实际情况和需要自主决定用科技成果作价投资。不同地区对于科技成果作价投资的程序作了不同规定。以北京市为例，《北京市促进科技成果转化条例》《科技成果转化工作操作指南和典型案例集》规定，政府设立的研发机构、高等院校、医疗卫生机构进行科技成果作价投资，需满足以下三项条件：①产权清晰。②不涉及国家安全、国家利益、重大社会公共利益。③涉及向境外转移技术的，应遵循《中国禁止出口限制出口技术目录》相关要求。在满足上述三项条件的前提下，需通过以下程序：①科技成果完成人（团队）提出成果作价投资申请，制定作价投资方案。②职务科技成果作价投资方案由本单位科技成果转化管理机构组织论证。③单位对职务科技成果作价投资方案进行审批。④单位可根据实际情况选择协议定价、挂牌交易、公开拍卖等方式进行定价，对于选择协议定价的，单位公示时间应不少于 15 日。⑤对于现有企业增资的，需本单位资产管理公司组织尽职调查，对合作单位进行市值评估，并报工商部门（现市场监管部门）备案。⑥单位与合作单位签订投资协议。⑦科技成果入资，办理工商登记或变更手续，各单位可根据实际情况，按照出资比例先行奖励科技成果完成人，再由单位与科技成果完成人分别入资合作企业。⑧对于单位持有股权，单位需办理资产入账，具体由单位资产管理公司负责前往财务部门等相关部门办理，对于已入账的资产，单位需办理国有产权登记，具体由单位相关职能部门负责办理。⑨对于科技成果完成人持有的股权，由完成人自行管理。

以案说法

北京交通大学建立差异化收益分配安排制度，制定了《北京交通大学促进科技成果转化实施办法》以及内部实施细则。北京交通大学机电学院韩建民教授团队是学校建立科技成果转化内部激励分配制度后成功转化并获得激励的首个案例。韩建民教授团队持续在轨道交通盘形制动领域科研深耕，在铁质制动盘、铝基复合材料制动盘、钢质制动盘等盘形制动领域不断积累经验，实现了我国在盘形制动领域的自主创新。近年，北京交通大学将"轨道车辆钢质制动盘专有技术"科技成果作价 1250 万元，入股江苏北方轨道交通科技有限公司。按照学校《科技成果许可、转让管理细则（试行）》的规定，北京交通大学将股份的 90% 奖励给韩建民、李志强、杨智勇、李卫京、王金华等成果完成人，团队内部收益分配由团队负责人负责，剩余 10% 由学校资产公司代表学校持有。目前，该列车刹车盘产品已经通过中铁检验认证中心颁发的 CRCC 试用证并完成运用考核。

律师建议

高校科技成果作价投资有以下三种模式。

第一，高校直接技术入股模式。该模式是指高校直接以科技成果作价入股，与合作企业共同投资目标企业，再将所持目标企业股权分割转让。

第二，高校和资产公司共同技术入股模式。该模式是指高校将科技成果产权先变更为高校与资产公司共有，再由高校和资产公司共同以科技成果作价入股，与合作企业共同投资于目标企业，并约定各自所持目标企业股权比例，高校将所持股权奖励给科技人员。

第三，科技人员和资产公司共同技术入股模式。该模式是指高校先将科技成果产权转让给科技人员和资产公司共有，再由科技人员和资产公司共同以科技成果作价入股，与合作企业共同投资于目标企业，并约定各自所持目标企业股权比例。

第 18 问

如何对科技成果开展尽职调查？有哪些调查要点？

课程音频

本文作者　王晓珺

解·答

　　商业交易项目经常涉及科技成果相关问题。不同项目中，科技成果的价值和风险的重要程度也有所不同。以对科技成果的价值和风险进行评估为主要内容的科技成果尽职调查是商业交易项目的必要环节。步骤如下：①尽职调查的准备，在科技成果尽职调查的准备阶段，需要制订调查活动计划，主要包括尽职调查目标、调查内容、人员和时间安排等。②尽职调查的实施，在科技成果尽职调查的实施阶段，调查小组依据调查计划，运用各种调查方法，如专利检索分析等开展调查，并对调查过程进行控制和调整。③尽职调查的结果分析，调查小组结束调查活动后，需要对所获得的信息进行提取和分析，判别是否存在重大的专利侵权风险或法律隐患。④尽职调查的结果应用，根据调查报告，判别企业在科技成果交易中可能面临的法律风险问题及其风险成本，并为消除或克服专利风险提供决策依据。

　　调查要点主要分为非技术相关问题和技术相关问题，细节如下。

　　①科技成果的有效性状态问题。针对著作权需要调查是否有明确的产生和存在的证据；对于专利，确认是否已授权还是在审查中，是否仍

存续；对于技术秘密，考虑是否满足技术秘密的秘密性、保密性和价值性的要求。

②科技成果的权属问题。分析科技成果的权属是否存在潜在权属争议，如果知识产权是接受委托或者合作开发完成的，在合作中是否对权属进行了明确约定。

③科技成果许可及质押问题。由于专利实施许可备案并非强制进行，因此除官方途径查询外，需要对目标企业提供的许可合同进行审核。

④科技成果的先进性问题。科技成果的先进性能够反映企业在相关领域中所处的技术地位以及抵御专利风险的能力；专利技术的先进性分析通常不涉及具体技术分析，而是通过对企业的科技成果整体布局和行业整体情况进行分析得出企业的科技成果情况。

⑤科技成果是否依赖于背景技术。如果一项科技成果是在其他专利或者技术秘密（称为"背景技术"）的基础上改进获得的，并且在实施该项科技成果时，还需要依赖背景技术权利人的许可，这种科技成果的价值受到极大的限制。

⑥科技成果的稳定性。如果科技成果的稳定性较低，则被判定无效的可能性较大，因而对科技成果的稳定性进行评估是有必要的，通过评估可以对其前景进行一个相对客观的判断。

以案说法

北京某汽车厂在与外方进行合资谈判过程中，外方提出以97项专利技术，共折合1600万美元入股。这家企业没有了解这些专利技术的法律状态就签约，直到后来才得知，97项专利技术中23项专利是过期的，29项专利已临近到期，13项刚刚递交申请，没有授权，真正的专利只有32项，占总专利数的 33%，也就是说 2/3 的专利是不能折算股金投资入股的。该企业追悔莫及。

 **律师建议**

企业在对目标公司科技成果做尽职调查时，可参照下列清单进行。

科技成果尽调清单

1	目标公司拥有的专利、商标、专有技术、版权、特许经营权及其展期的详细情况
2	目标公司与第三方订立的有关专利、商标、专有技术、版权、特许经营权、域名的相关协议
3	目标公司实际使用其他方知识产权的情况、原因及与对方的关系
4	现存或潜在的与第三方产生的关于专利、商标、专有技术、域名或其他知识产权的争议
5	技术合作开发、委托开发合同、技术进出口合同以及注册、许可批准及登记证明
6	提供其他无形资产的清单、登记 / 备案文件、许可 / 授权合同
7	科技成果相关的质押合同及质押登记文件
8	目标公司说明为保护知识产权而订立任何内部控制政策和措施、保密制度
9	目标公司有关技术研发相关的管理制度
10	目标公司的财务状况

第 19 问　高校科技成果对外许可协议的审核要点有哪些？

课程音频

本文作者　余　龙

　　科技成果对外许可协议，是指院校与企业签署的，将专利、技术秘密等科技成果许可给企业使用，但科技成果的所有权、风险和收益仍在院校方的协议。要点包括：

　　①许可协议主体。院校需确认是科技成果的合法权利人，若有其他共有权人，需要共同许可。

　　②许可范围、期限等内容。首先，许可范围可以分为独占许可、排他许可、普通许可。其次，以专利为例，专利实施许可合同备案虽非专利实施许可生效要件，但备案可以达到对许可状态公示的效果，从而起到对抗第三人的作用。再次，是否允许分许可是指被许可企业继续许可其他方实施科技成果，由于分许可对于院校来说较为不可控，因此需要在许可协议中明确是否允许分许可以及相关许可细节。最后，许可地域要充分考虑被许可企业的业务活动在哪些地域展开，确保被许可企业开展的业务在相应的地域都获得专利许可。此外，许可期限，院校和企业可以自行约定许可期限。

　　③许可使用费支付。许可使用费支付方式包括一次性支付全部许可

费用和分阶段支付许可费用，分阶段支付许可费用一般包含首付款、里程碑式付款以及商业化提成（是指以产品商业化后净销售额作为基数乘以一定费率比例计算提成）三种形式。

④改进知识产权的归属：在许可期限内，指院校和（或）企业对被许可科技成果进行的改进、升级、衍生性开发等，院校和企业可以对改进知识产权的归属进行约定。

以案说法

2020年在上交所科创板上市的中科某武纪科技股份有限公司（以下简称某武纪）是以科技成果许可的典型上市案例。某武纪主要从事人工智能芯片产品的开发。某武纪的控股股东、实际控制人为陈某石，其于2010年7月至2019年9月就职于中国科学院计算技术研究所（以下简称中科院计算所），于2018年4月办理离岗创业。基于研发与业务开展需要某武纪与中科院计算所签署《知识产权许可协议》，中科院计算所将其合法拥有的与"智能处理器与相关软硬件系统"等相关技术专利的所有权和使用权，以独占许可的方式授予某武纪实施，许可期限为长期。许可费用采用固定金额，2018年的授权费为9.19万元，2019年的授权费为15.91万元。同时，某武纪在招股说明书中明确中科院计算所许可实施的专利不涉及发行人的核心技术，某武纪仅在某武纪1A、某武纪1H终端智能处理器IP产品和某元100云端智能芯片及加速卡产品中使用了中科院计算所许可的"处理器数据传输机制类"专利，未在其他产品使用该等专利。对于该种情形，上交所谨慎评估高校与被许可公司业务的依赖程度，要求中科院计算所说明，许可使用的知识产权在公司产品的应用中是否涉及核心技术、产品。

可见，高校科技成果虽助力企业发展，给业务建立了知识壁垒。但同时，资本市场对于企业技术的独立性会持比较谨慎的态度，此时，长期的许可期限以及许可内容是否构成企业技术的核心竞争力，都是资方会关注的问题。

 **律师建议**

企业应重视许可协议的内容约定，具体要点内容如下。

第一，科技成果的权利人。要求许可人及其关联企业保证对科技成果拥有完整权利；若有共有权利人，要求其同意许可。

第二，许可期限。参考未来许可费率可能发生变动，或双方潜在地位转化的情况来确定一个合理的许可期限。

第三，许可地域范围。地域上，明确这是一份全球许可，还是针对某个区域的许可。对于特殊区域存在因许可费率不同或合同其他条款不同，可以根据需要另起协议。

第四，许可费用。许可分为过往使用和未来许可。过往使用，其许可费率采用一次性结清还是按销量计算，抑或免除。未来许可，其许可费率采用一次性结清还是按销量计算。除以上两类费用，还要关注因特殊情况产生的利息。

第五，许可产品。明确许可产品的范围，针对产品部件授予许可或针对完整产品授予许可。不同产品收取的许可费率不同。

第六，许可行为。企业应根据将来可能实施的行为，在协议中约定授权企业可在生产、制造、销售、许诺销售、进口、使用、出租、维修等环节中实施。

第七，转让的约定。约定科技成果的许可不因权利人的变更而变更，即权利人转让科技成果后，该科技成果仍以此合同条款许可企业使用。

第 20 问

高校科技成果转化过程中，各主体应当如何履行保密义务？

课程音频

本文作者　李群河、庞丽媛

解-答

　　高校科技成果转化涉及的主体包括高等院校、合作企业、科技中介服务机构、企业职工、科研人员等主体，各方需要承担的保密义务均包括法定保密义务和约定保密义务。法定保密义务的保密内容包括一般科技成果转化以及涉及国家秘密、国家安全、关键核心技术的科技成果转化，以及当事人的商业秘密。高校应当建立健全技术秘密保护制度，保护本单位的技术秘密，涉及国家秘密的应该严格按照《国家科学技术秘密持有单位管理办法》执行。另外，应当与参加科技成果转化的有关人员签订在职期间或者离职、离休、退休后一定期限内保守本单位技术秘密的协议。作为试点单位的高校与科研机构，涉及国家秘密的职务科技成果的赋权和转化，试点单位和成果完成人（团队）要严格执行科学技术保密制度，加强保密管理；试点单位和成果完成人（团队）与企业、个人合作开展涉密成果转移转化的，要依法依规进行审批，并签订保密协议。合作企业和科技中介服务机构应当签订遵守保密协议，当事人不得违反协议或者违反有关保守技术秘密的要求，披露、允许他人使用该技术。企业职工和科研人员应当遵守本单位的技术秘密保护制度及和单位签订的保密协议。

以案说法

北京航空航天大学（以下简称北航）与某冶高科技集团有限公司（以下简称某冶公司）签订《"钒钛铁分离技术工业化示范项目"技术服务合同》，约定某冶公司以 7420 万元的价格向北航提供"年产 30 万吨还原铁工业试验生产线（包括原料处理、转底炉预还原、渣铁分离）设计及技术服务"。合同约定，某冶公司保证 5 年内对北航提供的工艺路线及工业参数进行保密，不得向第三方泄露，某冶公司不得采用北航的工艺参数进行同类生产工业的建设。合同签订后，某冶公司擅自将其承揽的生产线设计工作交由第三人完成，北航主张某冶公司将北航之工艺参数透露给了第三人，违反了涉案合同第 8 条约定的保密义务。法院认为，涉案相关邮件证据能够证明，北航知晓某冶公司在履行生产线设计义务时，与案外人某安公司所签订的相关设计合同，另外，北航也没有提供充分证据证明某冶公司泄露了北航提供的工艺参数，从而违反了合同约定的保密义务，因此对原告主张不予支持。

律师建议

第一，就科技成果保密制度而言，高校和企业可从以下几个方面进行完善，首先是配备专职或兼职保密员，对科技成果保护进行规范化管理；其次是制定企业保密事项清单，分级分类，设置不同的保密级别和接触范围，建设各类泄密防范措施，将各项保密职责落实到具体岗位或个人；再次是设立严格的奖惩制度，采用正反向两种方式督促相关人员遵守保密制度；最后是建立责任追究制度，对违反企业保密制度的人员追究相应责任。第二，就签订保密协议而言，在保密协议中，首先是明确相关参与人员，建议将相关工作人员名单作为合同附件；其次是明确保密的确切范围和内容，特别是较为复杂的开发项目或转化项目，可能涉及专利技术、当事人设定的技术秘密，也可能包括双方或多方的现有技术，建议均逐一明确列入保密范围，并对相关技术进行准确描述。第三，平时加强保密培训及监督。可定期选取外部专业人士，对相关人员开展科学技术保密教育培训，用以督促其加强保密意识，同时定期或不定期进行保密工作的监督检查，并采取诸如书面考试、口头答辩等方式进行考核，对表现优异员工进行适当表扬，以提升员工整体保密意识。

第21问 高校科技成果转化涉及关联交易应当如何处理？

课程音频

本文作者　张　雨

　　高校科技成果转化涉及关联交易的程序目前并无统一规定，《促进科技成果转化法》也未对此作出明确规定。但实践中，部分高校的制度文件针对科技成果转化涉及的关联交易作出了特别的限制性规定，主要有三种模式：①规定不得通过协议定价的方式确定交易价格；②涉及关联交易应进行资产评估；③涉及关联方且拟采取协议定价方式确定交易价格的，科技成果完成人须作论述说明，经所在单位审批后学校可一事一议。

以案说法

　　《厦门大学科技成果转移转化组织实施管理办法（试行）》中规定，关联关系是指完成人与受让方存在直接或间接利益或利害关系，包括但不限于完成人为受让方企业的法定代表人、股东、董事、监事、高管、合伙人，或者存在近亲属关系，包括完成人的配偶、父母、子女、同胞兄弟姊妹，以及完成人配偶的父母、同胞兄弟姊妹等。上述人员在受让方企业的股份占比大于等于34%，或者为受让方企业的实际控制人，视为关联交易。课题组需主动告知是否存在关联关系，如完成人与受让方存在关联关系，课题组可视具体情况选择技术市场挂牌定价、采取远期付款（转让）、"入门费＋提成"的方式赋予长期使用权（许可）等转化方式，通过转化办审价委审核后进入公示程序。《复旦大学科技成果转化管理办法》规定，转化承接方（非上市企业）的股东、实际控制人、董事、监事、高级管理人员为科技成果完成人本人或其配偶与亲属，以及可能导致学校利益转移的其他关系的，属于利益关联的情形，科技成果完成人需主动提交成果转化利益关联的书面声明，报所在院系和学校主管部门备案，并且不得通过协议定价的方式确定最终成交价格。《上海海事大学科技成果转化管理办法（试行）》《南京大学科技成果转化条例实施细则》《武汉大学科技成果转移转化和收益分配管理办法》也有类似规定。

律师建议

首先，关联交易并不当然地应被禁止。从有利的方面看，交易双方因存在关联关系，可以节约商业谈判等方面的交易成本，并可运用行政的力量保证商业合同的优先执行，从而提高交易效率。从不利的方面看，由于关联关系的存在，有可能使交易的价格、方式等在非竞争的条件下出现不公平情况，造成对高校和公共利益的侵犯。其次，高校应完善科技成果转化的程序规范，明确关联方与涉及关联关系的转化流程，完善信息披露制度，公正、公开、公平确定交易价格。企业想要通过关联交易参与科技成果转化，需要提前了解高校关于关联交易的政策规定，提前申明、报备，并通过技术市场挂牌定价等合理方式参与科技成果转化。

第 22 问　高校科技成果转让必须挂牌交易吗？关联转让能否以协议方式进行？

课程音频

本文作者　李群河、庞丽媛

解·答

　　高校科技成果转化不是必须挂牌交易，可以通过协议定价、在技术交易市场挂牌交易、拍卖三种方式确定价格，进行交易。但私下协议转让的，科技成果持有单位应当在本单位公示科技成果名称和拟交易价格，公示时间不少于 15 日，且应当明确并公开异议处理程序和办法。但个别院校对科技成果的关联转让有特别规定，其内部管理制度对此做了限制性规定，如果存在关联关系，则需要采用挂牌交易或拍卖的方式。

以案说法

　　在《复旦大学科技成果转化管理办法》中，对于科技成果转化中是否存在利益关联的情形，作出了不同的规定：存在利益关联的情况下，定价方式为在技术市场挂牌交易或拍卖，不得采用协议定价的方式。根据规定，如果科技成果转化承接方的股东、实际控制人、董事、监事、高管为科技成果完成人或其配偶或亲属，以及可能导致学校利益转移的其他关系的，科技成果完成人需要主动提交科技成果转化利益关联的书面声明，报所在院系和学校主管部门备案，且不得以协议定价的方式确定最终交易价格。

《上海交通大学科技成果处置及评估管理细则（试行）》第7条规定：关联交易的科技成果转让活动，应当以第三方机构的评估价为参考依据，并在技术交易机构挂牌交易确定价格。关联交易的科技成果许可活动，可以采用成本核算、专家评估方式并依照规定进行公示。

《厦门大学科技成果转移转化组织实施管理办法（试行）》要求存在关联关系的科技成果转化，也须进行挂牌交易。根据规定，关联关系是指完成人与受让方存在直接或间接利益或利害关系，包括但不限于完成人为受让方企业的法定代表人、股东、董事、监事、高管、合伙人，或者存在近亲属关系，包括完成人的配偶、父母、子女、同胞兄弟姊妹，以及完成人配偶的父母、同胞兄弟姊妹等。上述人员在受让方企业的股份占比大于等于34%，或者为受让方企业的实际控制人，视为关联交易。科技成果转移转化具体流程见右图。

律师建议

除法律法规、部门规章以及规范性文件的一般规定外，我们还看到，许多高校已经制定了促进科技成果转化的相关制度文件，对于科技成果转移、转化的审批、备案流程、评估程序、定价方式、公示程序以及最终科技成果转化奖励分配均作出了更为细致和明确的规定。例如，南开大学等规定成果完成人需主动提交成果转化利益关联的书面声明，报所在二级单位和工作组备案；武汉大学等规定，若科技成果的转让或许可属于关联交易的，禁止协议定价，必须通过挂牌交易或拍卖定价。

高校的内部规定更具有实操性和指导性，因此除关注法律法规规章以及规范性文件等一般规定外，还需要关注各高校内部制定的制度文件，以确保高校科技成果转化的合法合规和高效办理，避免存在纠纷或潜在纠纷。

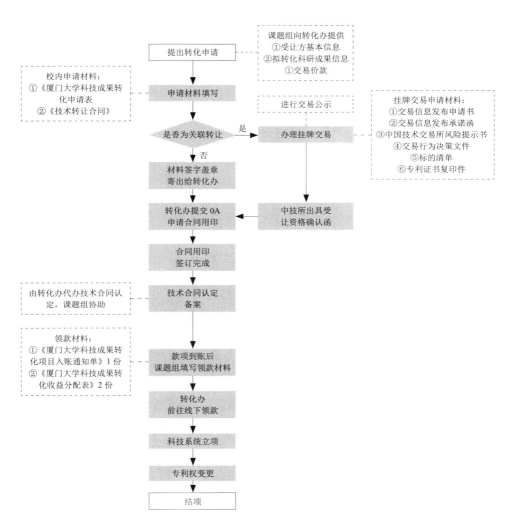

厦门大学科技成果转移转化组织实施流程

第 23 问　上市时高校或科研院所人员是否保留任职，面临审查时如何应对？

本文作者　余　龙

课程音频

解　答

　　针对高校、科研院所人员参与创业并完成上市的项目，近期上市监管机构的态度相较之前发生了很大的转变。在早期案例中，发行人的董事长或高级管理人员在上市前从其任职的高校或科研院所辞职或者选择停薪留职、离岗创业几乎是一个必然的选择。但从近两年的案例来看，发行人中的高校或科研院所人员在担任发行人的董事长、高管或核心管理人员的同时仍在高校或科研院所任职的，并非必然对上市造成阻碍，只要能够充分解释维持任职的合理性、披露有关风险、采取合适的处理措施，也可能得到上市监管部门的接受。

以案说法

　　某公司在发行申请过程中收到上交所的审核问询函，由于发行人的实际控制人、董事刘某、吴某曾在某高校任职，要求说明刘某、吴某在发行人处的持股和任职情况是否符合关于高校教师的相关任职规定；结合实际控制人、董事和高级管理人员在同行业公司和科研院所的任职情况、研发团队与核心技术人员的任职履历与职务发明情况，说明发行人现有核心技术和相关专利是否来自上述人员之前在其他公司（单位）任职时的职务发明，发行人是否与相关科研院所、同行业公司或研发人员存在纠纷及潜在纠纷。该公司回复：①刘某、吴某的兼职申请已取得高校同意，且二人非该高校的党员领导干部，亦不属于相关文件规定的限制类人员，二人在高校工作内容与发行人存在本质不同，其研究及实践属于两个不同的方向；②根据该高校技术转化研究院负责人的说明，未发现刘某将其已完成高校的职务成果或发明成果投入其发行人（及关联方）使用的情况，发行人（及关联方）不存在违规使用高校专利、技术或者其他资产的情况，也不存在专利、技术或者其他资产纠纷或潜在纠纷情形。

律师建议

面临审查，应当针对审查要点结合实际情况进行回复。第一，除特定人员外，目前法律法规及政策整体上鼓励和支持科研成果的产业化以及高校师生、科研院所人员兼职创业；第二，通常高校、科研院所可出具书面说明予以确认，或至少表明对高校、科研院所的人员在外持股和兼职情形知悉及无异议；第三，发行人实际控制人、董监高等的正式职位为大学教授并同时在发行人处兼职的相关案例并不必然被认定为会对其在发行人造成不利影响；第四，可以针对兼职优势进行说明，说明维持该情况对于高校、科研院所以及发行人的优点；第五，说明高校、科研院所人员在发行人处工作的合理原因；第六，论证业务方面差异性和营利性质不同，即发行人与高校、科研院所在行业类别和主要业务上的差异，以及发行人在生产、供应、销售体系和生产管理流程方面与高校、科研院所的独立情况；第七，论证人员方面的不依赖性，即发行人已经构建独立的技术和研发体系，对于高校、科研院所没有依赖性；第八，论证技术独立性和创新力，即说明技术与高校、科研院所的技术是否存在关联性；第九，说明无形资产已通过作价出资或签署相关协议等方式归属发行人所有或使用，保证发行人对相关专利或专利技术的所有权、使用权，以论证资产权属角度的独立性；第十，说明双方财务独立核算情况，即双方在财务部门设财务人员、费用划分、银行账号、纳税等方面各自独立的情况；第十一，明确相关人员在高校任职期间是否有职务发明、相关人员是否与高校签订竞业限制协议和保密协议，或有其他关于职务发明的约定、发行人的核心技术及相关专利是否涉及前述职务发明，发行人是否与高校存在纠纷或潜在纠纷；第十二，结合高校、科研院所的业务、产品与发行人业务、产品之间的关系，其主要客户、供应商与发行人重合情况，说明高校、科研院所是否与发行人构成同业竞争。

第 24 问

科技成果转化后续价值发生变化，导致交易价格定低了，高校领导需要承担决策责任吗？

课程音频

本文作者　李群河、庞丽媛

解　答

　　科技成果转化后续价值变化，有两种可能的结果：①亏损或甚至完全失败。②是超出预期，科技成果的价值被低估。高校的部分职务科技成果仍属于国有资产，其转化受到多种管理制度制约，定价低或转化失败，仍可能触及"国有资产流失"的"红线"，但科技成果交易价格确定合法合规，且单位领导勤勉尽责、未牟取非法利益的，免除高校领导对后续价值变化产生的决策责任。国务院规定，科技成果转化过程中，通过技术交易市场挂牌交易、拍卖等方式确定价格的，或者通过协议定价并在本单位及技术交易市场公示拟交易价格的，单位领导在履行勤勉尽责义务、没有牟取非法利益的前提下，免除其在科技成果定价中因科技成果转化后续价值变化产生的决策责任。

以案说法

　　西北工业大学树立职务科技成果只有转化才能实现创新价值、不转化才是最大损失的理念，将职务科技成果从现行国有资产管理体系中单列出来，

建立了更符合科技成果转化规律的职务科技成果管理机制。学校出台《西北
工业大学职务科技成果单列管理办法》，明确转化前的职务科技成果只在科
研管理台账进行登记，不纳入国有资产管理信息系统，不纳入国有资产审计
和清产核资范围。以作价入股等方式转化职务科技成果，相关领导和责任人
员已经履行勤勉尽责义务且没有牟取非法利益仍发生投资亏损的，不纳入国
有资产对外投资保值增值考核范围。目前，西北工业大学全部职务科技成果
纳入单列管理。2022 年，学校将 121 项知识产权评估作价 2.03 亿元，新增
20 家成果转化企业，作价金额实现翻一番目标，组建企业数量超"十三五"
总和。某秦科技登陆科创板，某垚股份、某晶科技完成股改，4 家入选国家级
专精特新"小巨人"企业，13 家进入陕西省上市后备企业名单，7 家成果转
化企业全年完成融资 3.63 亿元。

律师建议

　　首先，在制度设计中明确尽职免责条款，完善集体决策、公开公示制
度，并保证其贯彻落实，解除科研人员在转化方案、出资定价等方面的后
顾之忧，尽可能帮助高校领导规避决策风险，破解"不敢转""不愿转"
难题。其次，探索制定负面清单，对勤勉尽责义务进行细化规定，对在科
技成果转化中履行了民主决策程序、监督管理职责以及信息公示与合理注
意义务的，即视为已经履行勤勉尽责义务。最后，由于科技成果转化具有
较强的专业性，可委托专业机构对科技成果进行鉴定评估，综合评估应用
前景、潜在用户、市场价值、投资规模、权利稳定性、市场风险等要素，
以使定价依据确实、充分；同时对合作的科技成果转化企业开展尽职调
查，确保其具有科研成果转化能力，尽可能避免转化失败。

第 25 问   什么是专利？

课程音频

本文作者 曾祥坤

日常生活中人们常说的口头禅"这是某某的专利"，用以表达某某对某个特定对象专有支配的意思。实际上，从严格的法律意义上而言，只有经过国家知识产权局审查授权的专利才能被称为"专利"。从这个意义上讲，提交给国家知识产权局以供审查的技术方案（专利申请文件）并不能被称为具备专有支配效力的专利权，准确地说该阶段的技术方案还只是"专利申请"。只有在其被最终授权并颁发专利证书之后才具备了专有支配的效力。因此，专利权是专利权人对特定的发明创造在一定期限内依法享有的独占实施权，是国家依照法定程序赋予专利权人的民事权

中国专利类型主要分为三大类，分别是发明专利、实用新型专利和外观设计专利。所谓发明专利，根据《专利法》第 2 条的定义，是指对产品、方法或者其改进所提出的新的技术方案。显然，发明专利的涵盖范围较广泛，既可以指向具体的产品，也可以指向与该产品相关的生产方法，或者单纯方法。所谓实用新型专利，根据《专利法》第 2 条的定义，是指对产品的形状、构造或者其结合所提出的适于实用的新的技术

方案。因此，实用新型专利保护的对象只能是具体的产品，方法以及工艺流程等均不能成为实用新型专利的保护对象。所谓外观设计专利，根据《专利法》第 2 条的定义，是指对产品的整体或者局部的形状、图案或者其结合以及色彩与形状、图案的结合所作出的富有美感并适于工业应用的新设计。

以案说法

某为公司为提高手机摄像头可变光圈结构的外观完整性，提高产品精致度，进而提升用户体验，解决可变光圈的寿命短等技术问题，申请了包括 202210114548.× 号《可变光圈、摄像模组及电子设备》发明专利、202222271842.× 号《可变光圈结构、摄像模组及电子设备》实用新型专利等多项专利，对研发技术进行立体保护。

根据《专利法》第 31 条规定，专利申请是以"发明构思"为基本单位来评价创新性的，一个发明专利或者实用新型专利申请对应一个"发明构思"（即符合专利单一性要求），属于一个总的发明构思下的多个技术方案可以合并为一个发明专利或者实用新型专利申请；同样，在外观设计专利中，也只能是一个产品两项以上的相似外观设计，才能合并到同一项外观设计申请中。显然我们在针对一款产品进行创新时，可能会产生不同的发明构思。譬如手机，有几十万项专利，就连简单的手机屏幕开屏方式，就有数百项专利，如滑动开屏、九宫格开屏、数字密码开屏等，专利类型也包括了发明、外观设计等。因此，不能还抱有一个产品应该申请一项专利的过时思维，一个产品的研发技术可以采用多项专利进行保护。

律师建议

专利组合是近些年来全面保护创新技术的主流保护方式。针对某个具体技术或者产品，不能认为仅采用过去的一个产品结构专利或者生产工艺专利进行保护就万事大吉了，而应当在产品结构专利或者生产工艺专利为核心专利基础上，多方考虑。首先，针对技术创新保护客体要多样化。除对产品结构专利或者生产工艺专利的发明和实用新型专利以外，还应注意保护包括产品的外观设计、软件著作权、集成电路布图设计等，或者对核心的工艺、技术诀窍采取商业秘密保护。其次，产品周边也要对应保护。生产该产品的专用设备及加工工艺、产品的具体零部件、上下游应用场景等也应有相应保护措施。最后，产品本身结构替代方案。实际产品结构要申请专利，但是对类似效果的产品其他可行结构方案、可规避实际产品结构的其他结构等也应考虑相应保护措施。

将以上这些方案申请专利后，就会形成以"核心产品＋外围产品"的"专利组合包"，从而形成了严密的专利防护网，让竞争对手无法规避、专利侵权者无处容身。

第 26 问　专利的本质是什么？

课程音频

本文作者　曾祥坤

　　发明创造技术方案不公开就不能得到专利权保护。事实上，专利的本质是以公开换取保护（一定期限内的垄断权）。根据《专利法》第 26 条规定，说明书中对发明或实用新型的说明需要以所属技术领域的技术人员能够实现为准。根据专利审查指南的表述来理解，即"所属技术领域的技术人员按照说明书记载的内容就能够实现该发明或实用新型的技术方案，解决其技术问题，并且产生预期的技术效果"。通俗地说，对技术方案"充分公开"需达到本领域技术人员照着公开的方案可以重复实施的程度。

　　专利制度的意义在于国家通过授予专利权人在一定期限垄断权的方式鼓励专利申请人公开已研发完成的技术方案，以供其他技术人员站在巨人肩膀上的研发，防止因重复研发而浪费人力、物力和财力，以促进整个社会的科技进步。

　　对于一般的技术创新，企业既可以通过商业秘密进行保护（不公开），也可以通过申请专利进行保护（公开），如何才能选择更合适的保护方式呢？一般而言，如果该技术容易通过反向工程被破解，则可以选择以专利方式保护，如产品的形状和构造、化合物分子式、新材料等；如成果形式不适于作为专利申请，无法满足专利的申请条件，则可以作为商业秘密进行保护，如技术诀窍、生产流程、技术图纸、客户信息等。要注意的是：如果通过自行开发、反向工程等途径获得与商业秘密权利人相同或类似的信息，商业秘密的权利人是无权进行干预的，因此通过商业秘密保护丧失权利的可能性也较大。

以案说法

四川某象公司、北京某晶公司系专利号为 201110108644.× 号，名称为《节能节资型气相淬冷法蜜胺生产系统及其工艺》的发明专利权利人，四川某象公司亦为采用加压气相淬冷法生产蜜胺的方法及使用该方法的生产系统相关技术秘密权利人。四川某象公司、北京某晶公司针对某恒升公司等四被告侵害涉案专利权的行为向广州知识产权法院提起诉讼，四川某象公司亦针对上述四被告侵害技术秘密的行为向四川省成都市中级人民法院提起诉讼。两法院一审分别认定，四被告共同实施了专利侵权行为、技术秘密侵权行为，均判决停止侵害，并分别部分支持了有关损害赔偿请求。一审判决后，双方当事人对两案均不服，均提起上诉。后最高人民法院判决改判支持权利人的全部诉讼请求，判令侵权人以包括但不限于拆除的方式销毁侵权生产系统及有关技术秘密载体，共同连带赔偿权利人经济损失合计 2.18 亿元。其中，发明专利侵权案赔偿 1.2 亿元，技术秘密侵权案赔偿 9800 万元。

律师建议

企业应该从自身的实际情况出发，选择可行的技术开发成果保护方式。换句话说，企业在生产经营中，是根据保护方式难易度，或者哪种手段产生的价值更大、能有更可观的预期，来选择商业秘密保护还是申请专利保护。当企业所销售的产品是很容易根据其组分、构造得到其制备、制造工艺的，一般较好的选择依然是通过申请专利进行保护。当然，也有如可口可乐这样的公司，经营百年其配方依然作为商业秘密进行保护。

　　企业技术成果是采用商业秘密保护，还是选择专利保护，并不是绝对的二选一，一般可根据自身考量，将技术中所包含的信息一部分通过商业秘密保护，另一部分通过申请专利保护，如研发中实验记录信息、会议记录、研发中的具体图纸信息等采用商业秘密方式保护，而工艺、出售的产品通过专利进行保护。还有，如有些研发中的技术还不成熟，申请专利授权可能性不大，也可以先以商业秘密方式进行保护，在满足条件后，在适宜时间选择申请专利。

　　企业在决定对技术成果进行保护时，需要针对技术开发情况对从专利布局、专利的期限、地域、预期产品等维度进行有效组合，形成对企业有利的专利组合，以全方位保护企业技术创新。

第 27 问　专利权的内容是什么？

课程音频

本文作者　曾祥坤

　　专利权最重要的内容是专有性（又称为排他性）权利。根据《专利法》第 11 条及第 12 条的规定，专利权被授予后，任何单位或者个人未经专利权人许可，都不得实施其专利。任何单位或者个人实施他人专利的，应当与专利权人订立实施许可合同，向专利权人支付专利使用费。通俗地说，专利权就是国家给予专利权人对该项技术合法的垄断性权利，可以让专利权人在专利权利期限内获得独占权。因此，需要对研发技术申请专利，以获得更多的垄断性利益。

　　基于此，获得专利权能为专利权人带来诸多好处，总的来说，对研发技术申请专利既能保护企业的技术创新，也能带来一系列经济和社会效益。主要包括以下几个方面。

　　①独占市场。一旦技术获得专利，未经专利权人的许可，任何人都不得生产、销售、许诺销售、使用、进口该专利产品，从而确保了专利产品在市场上的独占性和竞争优势。

　　②申报项目的必要条件。当前国家鼓励科技创新，重视知识产权保护，专利的数量常常成为企业申报项目、资质的基本条件，如高新技术

企业认定的基本条件之一是企业拥有核心自主知识产权。

③具有良好专利宣传效果。专利可以快速提升企业的行业内知名度和市场上的地位。在宣传广告或产品上打上专利标志，消费者会认为这种产品更可靠，有更好的信用。

④专利受政府支持与保护。在展览会上，专利权好比是新产品的"出生证"，谁拥有该"出生证"就拥有了该产品作为专利产品展示的权利，否则，随时有被责令撤下展示物品的风险，甚至会被取消参展资格。

以案说法

某盛公司是被称为"一体式自拍装置"（专利号：ZL201420522729.×）的实用新型专利的专利权人，在全国范围内对制造商、经销商提起了大量的专利权侵害诉讼。在某盛公司诉某创公司一案中，广州知识产权法院认定某创公司为侵权产品制造商，尽管其制造、销售行为已被认定侵权，但仍继续制造、销售侵权产品。考虑到制造行为侵权的根源性质，以及某创公司故意侵权、反复侵权的情节，判决停止侵权，赔偿某盛公司100万元。某创公司不服，向最高人民法院提出上诉。最高人民法院知识产权法院经审理后，作出驳回上诉、维持原判的判决。

《专利法》第11条及第12条规定专利权人对技术的垄断性权利可以对市场起到积极的保护作用，某盛公司正是凭借这一专利而"叱咤"自拍杆市场，取得了极佳的销售业绩。而自2015年开始启动的全国范围内的维权行动，起诉对象包括大型商场、超市、电子产品专卖店及个体工商户等，也取得了巨额的维权赔偿，光这一件实用新型专利已经为某盛创造数亿元的收入，可见，专利保护能为权利人带来巨大的经济利益。

律师建议

考虑到重要专利或核心专利通常会对企业的生产经营活动及持续盈利能力产生重要影响，因此企业需要格外关注此类专利权的申请和保护，在相关技术开发完成后，应评估专利保护对技术创新保护的影响，从而在相关产品生产和销售前完成专利申请。在发生企业专利被竞争对手侵害时，需要及时拿起手中的专利武器，通过行政、司法等救济途径积极维权，为企业的持续盈利提供保障。

第 28 问　　如何获取专利权?

课程音频

本文作者　曾祥坤

解·答

　　获得专利权可以自行或委托专利代理机构向国家知识产权局提交专利申请文件,经国家知识产权局审查后授予专利权。三种类型的专利中,发明专利和实用新型专利在申请时需要提交的材料相同,大部分需要按照规范的格式撰写权利要求书、说明书、说明书附图、摘要以及摘要附图;外观设计专利申请时需要提交的材料还包括该外观设计的图片或者照片以及该外观设计的简要说明,其中,简要说明包括外观设计产品的名称、外观设计产品的用途、外观设计的设计要点以及指定一幅最能反映设计要点的图片或照片。

　　不同类型的专利申请的审查标准各不相同,因此,获得不同类型的专利权的时间期限是各不相同的。其中外观设计专利和实用新型专利获得专利权的期限较短,由于这两种类型的专利不经过严格的实质审查,在经过初步审查符合授权条件后就可以授予专利权。初步审查的范围参见《专利审查指南》第 1 部分第 2 章实用新型专利申请的初步审查和第 3 章外观设计专利申请的初步审查。而发明专利要经过严格的实质审查流程,因此其专利权获取的期限要较长一些。各种专利从申请到审查授权或者驳回的流程可参考国家知识产权局官方网站公开内容。

在具体的期限上，各申请流程时间分布如下（该时间仅仅作为审查以及答复审查的参考时间，不具有绝对性，实际时间以具体审查流程耗费的时间为准）。①外观设计专利。大约一周内收到专利局的受理通知书，出专利申请号即以后专利证书的专利号。从申请日起，在审查过程中如果没有发现驳回情形，约 5 个月内可以收到"专利授权通知书"，按规定缴纳证书费后，约 2 个月颁发专利证书，整个申请时间平均约为 6 个月。②实用新型专利。大约一周内收到专利局的受理通知书，出专利申请号。从申请之日起，如果在审查过程中没有发现驳回情形，6—8 个月内可以收到专利局授权通知书。按规定缴纳证书费后，约 2 个月颁发专利证书。整个申请时间大概要 10 个月。③发明专利。从申请日起满 18 个月即行公布，也可以依申请人的申请提前公布。自申请日起 3 年内，根据申请人随时提出的请求，对其申请进行实质审查，进入实质审查案件分配审查员之后，经过审查员和申请人关于审查和答复审查的几轮交互，如果没有发现驳回情形，即行授权，一般从开始审查到作出授权决定需要 22 个月的时间。

专利审查流程可以通过优先审查进行加快，但是需要提出优先审查申请，并缴纳优先审查费用，但是并不是所有的专利申请均可以被加快，现阶段根据《专利优先审查管理办法》符合优先审查的申请主要涉及以下几种情形：①涉及节能环保、新一代信息技术、生物、高端装备制造、新能源、新材料、新能源汽车和智能制造等国家重点发展产业。②涉及各省级和设区的市级人民政府重点鼓励的产业。③涉及互联网、大数据、云计算等领域且技术或者产品更新速度快。④专利申请人或者复审请求人已经做好实施准备或者已经开始实施，或者有证据证明他人正在实施其发明创造。⑤就相同主题首次在中国提出专利申请又向其他国家或地区提出申请的该中国首次申请。⑥其他对国家利益或者公共利益具有重大意义需要优先审查。优先审查发明专利可以快至 6 个月左右授权。

现阶段还存在经过预审流程后进入国家知识产权局进行实质审查的程序，一般而言，研发单位通过向各地设立的知识产权保护中心进行备案后可以将其申请文件首先提交给保护中心进行预审，预审合格后即可进入国家知识产权局的实审部门进行实审，通过这样的程序通常要比其余审查程序更快获得审查结果，当前通过预审而获得授权最快可以在 2 个月内获得专利授权。

以案说法

2019 年 8 月 8 日，西南交通大学提交的《便携式岩石转动摩擦试验装置及其试验方法》正式获得国家授权发文，该专利于 2019 年 6 月 6 日申请，8 月 8 日正式获得国家授权发文，前后用时仅为两个月。经中国（四川）知识产权保护中心预审合格进入专利快速审查通道，可大幅缩短创新主体专利申请的时间。该中心是国家知识产权局批准建设的省级知识产权保护中心，面向新一代信息技术产业领域，为四川省企业、高校及科研院所提供发明、实用新型和外观设计专利申请的快速审查、快速授权、快速确权、快速维权工作以及专利预警与导航运营等全方位服务。

专利预审即专利快速预审，指的是知识产权保护中心对提交申请的专利业务预先审查，审查员会对符合条件的专利进行审查，比如审查文件是否符合要求、授权前景等情况，专利申请人在得到肯定答复的预审结果之后，再正式向知识产权局递交正式的专利申请，这个专利就将进入快速审查通道，从而缩短专利审查时间。

 **律师建议**

    企业需要根据其专利产品情况，充分利用当前专利申请制度，对于需要尽快获取专利保护的产品，申请加快审查或预审流程，以缩短审查时间，加快专利审查进度，比竞争对手更快地获得专利保护，避免有价值专利遭受损失。

    但是，对于真正具有高价值的核心专利或持续研发的技术，则可以等到 18 个月再公开，可以达到更长时间的保密目的，并利用该时间完善实施技术，而不会因为公开后被竞争对手研究或做规避设计。要注意技术公开后若持有者还想在此基础上提出改进方案，常常会因为先申请公开的内容，导致改进技术不符合《专利法》对创造性的要求，自己给自己使绊子。

第 29 问　　专利权许可有哪些类型？

课程音频

本文作者　曾祥坤

《专利法》第 12 条规定，任何单位或者个人实施他人专利的，应当与专利权人订立实施许可合同，向专利权人支付专利使用费，在日常的运作中，专利的实施许可主要有以下几种实施方式。

①独占许可。即专利权人许可他人在合同约定的地域、期限和实施方式的范围内实施其专利技术，且专利权人不得再向第三方许可实施该专利技术，专利权人自己也不得自行再实施该专利技术。

②排他许可。即专利权人许可他人在合同约定的地域、期限和实施方式的范围内实施其专利技术，且专利权人不得再另外许可其他人实施该专利技术，但是专利权人自己有权自行实施该专利。

③普通许可。即专利权人许可他人在合同约定的地域、期限和实施方式的范围内实施其专利技术，且专利权人还可以再另外许可其他人实施该专利技术，同时专利权人自己有权自行实施该专利。

④分许可。即专利权人许可他人在合同约定的地域、期限和实施方式的范围内实施其专利技术，同时允许被许可人在一定条件下再许可第三人使用该技术。分许可中，专利权人许可被许可人的基本许可是主许

可，分许可从属于主许可，且分许可不得超越该基本许可所允许的实施期限、地域范围和实施方式，否则构成对专利侵权。

⑤交叉许可。又名相互许可或者互换许可，即存在需求的双方之间采用相互许可专利使用权的方式来代替相互支付专利使用费用。这种许可方式主要是基于节省交易成本的考虑。

⑥强制许可。《专利法》上还存在法定强制许可的方式，与专利权人主动对其专利进行许可实施不同，根据《专利法》第53条至55条的规定，强制许可属于国家对专利权人的专利技术强制进行许可的方式。

以案说法

据上海《解放日报》报道，上海交通大学医学院将中国发明专利《增强激动型抗体活性的抗体重链恒定区序列》及其国际同族专利一个靶点的专利权以独占许可方式，授权上海一家生物技术公司实施，合同总金额约3亿元，外加销售额提成。此外，这件中国专利的其他靶点曾以8.28亿元合同总金额外加销售额提成，独占许可给了苏州一家公司。本案例的一个突出亮点是一件发明专利先后进行了两次独占许可。该专利的"权利要求覆盖多种肿瘤和多个药物靶点"，每开发一个肿瘤药物或药物靶点，投入都很大，周期也很长，不确定性及其潜在风险都很高。该被许可人苏州某公司是国内一家投资机构与发明单位、发明人、盛某某四方于2018年底在苏州注册成立的，并取得了该专利在部分靶点上的独占使用权，将对至少4种抗肿瘤候选药物进行开发。而上海的被授权公司获得了该专利一个靶点的独占使用权，"开发以多种实体瘤和血液肿瘤为适应症的创新药"，并计划于2021年底向国家药监局申请临床试验批件。

专利权作为一项民事权利，专利权人将一件专利允许两家公司独占实施"专利拆分许可"，不同靶点的分别设置独占许可使用权，彼此间不存在冲突和竞争，并经与不同许可人签订许可合同，符合中国《民法典》《专利法》相关规定，可以实现专利权收益最大化。

律师建议

专利权人通过专利实施许可协议，可将一项好技术的各方面价值"吃尽榨干"，真正实现其价值最大化。许可方还可对该成果进行后续研发，不断创新，进而实现可持续创新，实现自身利益最大化。

第 30 问　专利授权后需要对专利进行维护吗？

课程音频

本文作者　曾祥坤

解·答

专利授权后，需要对专利进行维护。根据 2021 年 6 月 1 日施行的新《专利法》第 42 条规定，发明专利的保护期限为 20 年，实用新型专利保护期限为 10 年，外观设计专利的保护期限为 15 年，均自申请之日起计算。发明专利应专利权人请求，可以申请因审查期过长（超过 4 年）或因新药审批占用时间给予专利权期限补偿。

专利年度从申请日起算，与优先权日、授权日无关，与自然年度也没有必然联系。专利年费缴费期限届满日是申请日在该年的相应日。

专利权人未按时缴纳年费或者缴纳的数额不足的，可以在年费期满之日起 6 个月内补缴，补缴时间超过规定期限但不足一个月时，不缴纳滞纳金。补缴时间超过规定时间一个月的，需要缴纳全额年费 5%—25% 的滞纳金。

专利年费滞纳期满仍未缴纳或者缴足专利年费或者滞纳金的，自滞纳期满之日起两个月后审查员应当发出专利权终止通知书。专利权人未启动恢复程序或者恢复权利请求未被批准的，专利局应当在终止通知书发出 4 个月后，进行失效处理，并在专利公报上公告。专利权自应当缴纳年费期满之日起终止。

专利授权后的相关法律状态记载于国家知识产权局专门为授权专利设立的专利登记簿，专利权授予之后，专利的法律状态的变更仅在专利登记簿上记载，由此导致专利登记簿与专利证书上记载的内容不一致的，以专利登记簿上记载的法律状态为准。任何人在需要时都可以向国家知识产权局请求出具专利登记簿副本以查明该专利法律状态。

以案说法

嘉德某公司与某银行北京分行签订《流动资金借款合同》，约定甲方向乙方申请借款，同时签订《权利质押合同》，约定嘉德某公司将《燃气吹灰器的分配装置与混合装置相配合的方法》等十项专利质押给某银行北京分行办理公证。后因借款逾期发生诉讼，某银行北京分行起诉要求嘉德某公司根据《权利质押合同》的约定，对嘉德某公司名下的专利实现质权，经法庭核实，出质的十项专利均由于未缴年费终止失效或届满终止失效，相关专利技术进入公有领域成为公知技术，某银行北京分行要求对嘉德某公司名下专利实现质权的诉讼请求，法院最后不予支持。

由于专利年费具有经济杠杆的作用，根据《专利法》第44条规定，如果专利权人不按规定缴纳该年度的年费，就可以推断为专利权人因为经济和市场的考虑不再需要该专利权，为此《专利法》规定没有按时缴纳年费专利权在期限届满前终止，与之相关的专利技术将进入公有领域成为公知技术。

由于专利权具有财产权一般属性，根据《民法典》第444条规定，可以使用知识产权中的财产权出质，由于知识产权具有无形性的特点，知识产权出质时质权自办理登记时设立。但是，一旦该知识产权因被宣告无效、未交年费或未续展、权利期限届满终止等原因导致该知识产权无效，即使办理了质权登记，质权人也将无法行使质权。由此，质权人也应随时关注质押知识产权的效力并及时采取补救措施。

律师建议

　　专利管理是企业无形资产管理的重要内容，企业应有专人负责对专利等知识产权进行管理，确保专利等知识产权处于受控状态，发现有未缴纳的专利年费等应该及时缴纳或补缴。

　　在知识产权出质、许可等项目中，应特别注意约定知识产权维护方的责任，质权方、被许可方也应该建立质押知识产权、被许可知识产权的权利状态监控，保障自身的合法权益。

第31问　专利被驳回了还有救济途径吗？

课程音频

本文作者　曾祥坤

　　企业可以在专利申请被驳回后，对驳回决定提起复审请求，争取撤销驳回决定，使专利申请重新获得授权。这不仅可以保护企业的技术创新成果，还可以避免因为专利申请被驳回而失去市场机会和商业利益。

　　《专利法》第41条第1款规定，"专利申请人对国务院专利行政部门驳回申请的决定不服的，可以自收到通知之日起3个月内向国务院专利行政部门请求复审。国务院专利行政部门复审后，作出决定，并通知专利申请人"，即如果认为国家知识产权局专利驳回申请的决定的不正确，可以在自收到通知之日起3个月内（如果是电子申请一般是发文日加15天再加3个月），向国家知识产权局请求复审。国家知识产权局将重新审查专利申请，并根据新的证据和事实，作出新的复审决定。

　　如果对国家知识产权局作出的复审决定仍然不满意，根据《专利法》第41条第2款规定还可以自收到通知之日起3个月内向人民法院起诉，即专利申请人可以在收到复审驳回通知之日起3个月内向北京知识产权法院以国家知识产权局为被告提起行政诉讼，要求北京知识产权法院判决撤销该专利复审决定并对专利复审申请重新作出决定，各方对一审判决不服的，还可以向最高人民法院上诉（注意，当前专利行政诉讼二审法院不是北京市高级人民法院而是最高人民法院）。

以案说法

泰拉某公司因名称为"制备 SGLT2 抑制剂的方法"的发明专利申请被驳回后提出复审请求，专利复审委员会经复审认为权利要求 1-7 不具备《专利法》第 22 条第 3 款规定的创造性，维持了国家知识产权局的驳回决定。泰拉某公司不服该决定，于法定期限内向北京知识产权法院提起诉讼。法院审查后认为，因被诉决定中有关本申请权利要求 6 不具备创造性的认定并未涉及区别特征的评述。为避免审级损失，法院在本案中不直接对上述区别特征进行评述，专利复审委员应在考虑附件 1 证明的技术效果的基础上对于本申请是否符合《专利法》第 22 条第 3 款重新作出认定。法院进而判决撤销原专利复审委员会作出的复审决定，并重新作出复审决定。

律师建议

企业需要充分利用专利复审制度，争取合法权利。专利复审制度是专利申请人被驳回专利申请后可以采取的一种救济途径。当专利申请被驳回后，申请人可以向专利复审委员会提出复审请求，对专利局的驳回决定进行重新审查。在利用专利复审制度时，企业需要注意以下几点。

第一，及时提出复审请求。在接到驳回通知后，企业需要在规定期限内向专利复审委员会提出复审请求。如果超过期限未提出复审请求，则视为放弃申请。

第二，提供充分的证据和理由。在提出复审请求时，企业需要提供充分的证据和理由来支持复审请求。证据可以包括新的技术方案、实验数据等，理由可以包括专利申请符合创造性、实用性等要求。

第三，参与复审程序。在专利复审程序中，企业需要积极参与，配合专利复审委员会的审查工作，提供必要的材料和说明。

第四，考虑诉讼救济。如果专利复审结果仍不满足企业的要求，企业可以考虑提起行政诉讼，请求法院对专利局的驳回决定进行审查，并判决撤销驳回决定。

总之，企业需要充分了解专利复审制度的规定和程序，根据自身情况，采取适当的措施和策略，争取合法权利。同时，建议企业在遇到专利申请被驳回的情况时，及时咨询专业人士或律师，以便更好地了解相关法律规定、制定应对策略。

第 32 问　专利的署名权和申请权有什么区别？

课程音频

本文作者　刘清泉

①署名权属于人身权，而申请权是一种财产权。②署名权具有不可让与性，与发明人或者设计人本身不可分离的，而申请权可以转让。③署名权来自法律规定，发明人或者设计人可以行使，也可以不行使。申请权的归属有具体以下四种情况：职务发明创造的申请权属于该单位、非职务发明创造的申请权属于该发明人或设计人、两个以上单位或者个人合作完成的发明创造的申请权属于完成或者共同完成的单位或者个人、根据协议约定确定申请权归属。

以案说法

1. 小明在 A 公司任职时，该公司董事长小黑对其申请专利予以协助，后公司向国家知识产权局申请专利时，将小黑也列为发明人，小明认为该举损害了其署名权，将小黑告上法院。法院认为小黑不能证明其对涉案专利具有实质性贡献，进而支持了小明要求办理发明人变更登记的诉讼请求。

2. 小明曾在 A 公司工作并签署过保密协议，后在 B 公司任职。因 B 公司向国家知识产权局申请的发明专利的部分成果与小明在 A 公司工作期间参与的研发项目高度相关，A 公司将 B 公司告上法庭。法院认为涉案专利的部分发明人小明曾在 A 公司任职，且已经提出发明创造的初步设想，又在一些未公开的图纸上进行改进，应当认定是利用了原告特有的技术条件，而 B 公司不能证明司内人员对技术方案作出过创造性的贡献，也未能证明小明明显利用了其单位的物质技术条件，综上，法院认定 A 公司依法享有案涉专利的申请权。

律师建议

第一，要区分发明人与申请人。发明人是具体发明创造专利的个人，其只能是自然人，提交申请文件时，发明人不能填报单位或者集体。例如，不能将发明人填报为"××课题组"或者"××研究院"。申请人指的是有权提起专利申请个人或者单位，在申请被授予专利权之后，申请人将成为专利权人，而发明人并不必然是专利权人。

第二，设计人、发明人依法享有署名权，但并非一定享有专利申请权。职务发明创造的专利申请权属于该单位，非职务发明创造的专利申请权属于该发明人或设计人。合作完成的发明创造或委托完成的发明创造，除另有协议的以外，申请专利的权利属于完成或者共同完成的单位或者个人。

第三，我国专利申请过程中，并不对申请文件中所记载的发明人作实质性审查，专利证书上所记载的发明人仅是名义上的发明人，专利证书并不具有证明实际发明人的当然效力。

第 33 问   自己的专利一定就可以自由实施吗？

课程音频

本文作者 曾祥坤

　　专利授权后，专利权人自己可以实施其专利，即以生产经营目的制造、使用、许诺销售、销售、进口专利产品，或者使用专利方法以及使用、许诺销售、销售、进口依照该专利方法直接获得的产品。专利权人可以自己或与他人合作实施其专利，也可以许可他人实施其专利。

　　专利审查过程中，主要是基于专利相对于现有技术是否具有新颖性和创造性进行审查，由于任何已公开的专利和非专利技术都可以视为现有技术，有大量的专利是基于他人的在先专利技术进行的研发。因此，在实施该新专利技术时，极有可能落入在先专利的保护范围，在此种情况下，即使新专利权人拥有稳定的专利权，也不一定就可以自由实施自己的专利，也需要获得在先专利权人的许可方能实施。如果大量新专利均需依赖于在先某一项专利技术，则该项专利就构成了基础专利。在一些如通信、图形处理等行业领域，在国际标准、国家标准和行业标准中，实施标准时必须使用的专利，这也是基础专利。也就是说当标准化组织在制定某些标准时，部分或全部标准草案由于技术上或者商业上没有其他可替代方案，无可避免要涉及专利或专利申请。

──── 以案说法 ────

某美公司是专利号为 ZL201530067776.0 的"面膜机"外观设计专利的专利权人，后因某思公司生产销售的水果面膜机与该专利近似引发诉讼。被告某思公司出示了其水果面膜机已获得专利权的证据，后经法院认定，虽然被告拥有水果面膜机产品专利，但由于其申请日在某美公司申请日之后，其拥有专利不影响其侵权行为成立。

《最高人民法院关于审理侵犯专利权纠纷案件应用法律若干问题的解释（二）》第 23 条规定，被诉侵权技术方案或者外观设计落入在先的涉案专利权的保护范围，被诉侵权人以其技术方案或者外观设计被授予专利权为由抗辩不侵犯涉案专利权的，法院不予支持。

律师建议

由于专利实施方式较多，企业在许可他人实施其专利技术时，应该通过许可合同，明确约定许可方式和实施方式，避免产生纠纷。

基于专利权人拥有专利权也不一定就可以自由实施自己的专利，为了降低或避免专利侵权风险，当企业在新产品上市或实施新技术时，可以考虑实施 FTO 检索分析。FTO 是"Freedom To Operate"的英文缩写，FTO 检索分析通常称为产品或技术自由实施分析。进行 FTO 检索分析可以寻找可能遇到的专利壁垒，通过检索识别专利侵权风险，为保障产品或技术能够实施创造条件。当前，FTO 检索分析的应用在美国比较普遍，因为 FTO 检索分析可以避免被法院认定为故意侵权而增加赔偿金额。在中国企业日益国际化的今天，中国企业在重要产品上市前或重大项目实施前，实施 FTO 检索分析，可做到知己知彼！

第34问 已对外许可的专利能否转让？被转让后，原有的许可是否继续有效？

课程音频

本文作者 胡朋、吴潇

解 答

　　根据《最高人民法院关于审理技术合同纠纷案件适用法律若干问题的解释》（2020修正）第24条第2款之规定，让与人与受让人订立的专利权、专利申请权转让合同，不影响在合同成立前让与人与他人订立的相关专利实施许可合同或者技术秘密转让合同的效力。故已经对外许可的专利可以进行转让，并且专利权在被转让之后，在先订立的许可合同的被许可人可以在合同约定范围内继续使用专利

以案说法

　　在南京某科集团有限公司（以下简称"某科公司"）与珠海某贤企业有限公司（以下简称"某贤公司"）专利侵权纠纷一案中，某科公司作为在先的被许可人，即使专利权在被许可之后经过转让变更专利权人，某科公司只要依据专利许可协议支付相应的专利许可费用，其实施的专利行为就存在正当理由，不构成专利侵权。对于变更后的专利权人某贤公司，提出的某科公司未经过其许可而生产、销售专利产品构成侵权，要求某科公司停止侵权行为的理由并不成立。

律师建议

专利受让人在签订专利转让合同前应先了解专利有无在先的许可情况及许可范围、年限等信息，并根据具体情况协商调整专利转让价格。

第 35 问　　可以利用专利权投资设立公司吗？

课程音频

本文作者　罗超凡

　　《中华人民共和国公司法》（以下简称《公司法》），规定股东可以用货币出资，也可以用实物、知识产权、土地使用权等可以用货币估价并可以依法转让的非货币财产作价出资。专利出资需注意以下问题。

　　①只有在专利已获得国家专利局颁发的专利证书，且在专利有效期内，才能作为出资的标的物。

　　②以专利权出资的人必须是该专利的合法权利人，即专利权人或其继承人。

　　③必须以能够转让的专利权出资，不能转让的专利权不能作为出资的标的物。

　　④涉及以专利权出资的合同应当采取书面形式，并由全体出资人签字盖章。

　　⑤专利权出资的评估作价可以采取两种方式，一种是专门机构评估，另一种是由全体出资人共同评估。

　　⑥在合同中应当明确专利权的出资方式、数额及作为出资的专利权的具体状况，包括该专利权的取得方式、法律状况、技术状况等。

⑦专利权出资者应当按照企业章程规定的出资金额和出资方式认购股份，并且履行出资义务，履行出资义务需根据《公司法》第28条、《专利法》第10条第3款之规定，以知识产权作为出资方式的出资人应尽快依法办理出资专利权的权属转移手续。

⑧在以专利权出资时，应当考虑技术资料和权利的转让、专利权人的技术培训和指导、后续改进成果的归属以及各方违约责任等合同条款。

以案说法

某养生公司与某美公司及刘×忠三方签订《组建集团入股协议书》约定：某养生公司出资人民币3000万元，某美公司以某养生公司为主体，以固定资产经评估2638万元的出资入股，刘×忠以某养生公司为主体，以"调元五味精"发明专利经评估2460万元出资入股，组建为某仁集团公司，注册资本为人民币8098万元，某养生公司占注册资本37.04%，工美公司占注册资本32.58%，刘×忠占注册资本30.38%。后某养生公司以某美公司没有按约履行相关义务，已构成违约起诉要求其承担违约责任（包括专利评估费132.25万元及利息）。某美公司反诉刘×忠的"调元五味精制品"五项发明专利已经被终止，刘×忠一直没有将发明专利过户至某仁集团公司导致三方的合资合同无法继续履行，某美公司有权拒绝单方出资并要求刘×忠承担违约责任。法院在审查专利评估费应该如何负担时认为：对刘×忠"调元五味精"发明专利所做的评估，委托评估人为刘×忠，由此产生的评估费用，属于刘×忠为其个人无形资产出资所引发的费用，显然不应由某美公司负担。二审法院认定本案属于因公司设立而引发的发起人责任纠纷（原审法院认定本案的联营合同纠纷），进而因双方在因双方均未履行合同约定的义务而判决驳回双方全部诉讼请求。

专利权出资需要办理权属转移手续，根据《专利法》第 10 条规定，转让专利申请权或者专利权的，当事人应当订立书面合同，并向国务院专利行政部门登记，由国务院专利行政部门予以公告。专利申请权或者专利权的转让自登记之日起生效。特别注意的是，专利权转让合同一般是签订时生效，而专利权的转让需由国家知识产权局转让登记公告时才生效。

律师建议

企业应该做好专利资产管理，以确保专利资产的价值得到最大化的利用和保护，通过科学合理的管理手段，使专利资产在经济、技术和社会等方面发挥最大的价值。专利资产管理涉及以下几个方面。

第一，专利申请与维护。企业应该根据自身需要和战略规划，积极申请和维护相关专利，包括对已有专利进行续展、维护和更新。

第二，专利评估与价值分析。企业应该对已有专利进行评估和价值分析，了解专利的经济价值和市场前景，以便更好地利用和保护专利。

第三，专利利用与运营。企业可以通过多种方式利用和运营专利，如将专利许可给其他企业使用、将专利作为投资资本、将专利用于交叉许可等。

第四，防范专利风险。企业应该通过专利监测、专利保险等方式防范专利风险，避免专利侵权等问题导致的经济损失。

第五，建立专利管理制度。企业应该建立完善的专利管理制度，明确专利管理流程和责任，确保专利管理的规范化和有效性。

第 36 问　什么是专利联盟？

课程音频

本文作者　曾祥坤

解　答

　　专利联盟是多家市场主体以专利为连接点结成集合或联盟，具有企业谋求竞争优势、有利于专利技术的推广应用、降低专利许可中的交易成本、减少专利纠纷、降低诉讼成本等作用，联盟成员间可以进行交叉许可、专利防御、减少侵权风险等。专利联盟的出现是科技发展和专利制度结合下的必然产物。现代专利池开始不断壮大，其产业影响也越来越广。

　　基于我国企业目前的状况，相关行业龙头企业可以联合起来自发组建行业专利联盟组织，从而建立长期合作的战略联盟关系，促进行业成员之间的有序竞争。行业专利联盟还可以在技术创新、专利申请、专利管理等工作上给予指导，筛选行业核心专利，根据各专利权人核心专利数量的比例，制定费用分配规则和程序，逐步构建专利联盟的专利池。

　　当然，专利联盟也容易造成技术垄断，我国目前已经初步形成了防止专利权滥用的机制，因此，如何组建"合法"的专利池，就成为行业联盟在构建专利联盟时应该重点考虑的问题。

以案说法

2005年，在邱某的推动下，由多家企业和个人建立了"空心楼盖专利联盟"，对联盟成员进行一揽子专利实施许可，提升产业联盟的群体竞争力。仁某公司作为常务理事单位加入了该产业联盟。后专利权人邱某认为仁某公司侵犯其《钢筋砼用空心管及其制作方法、专用模具》专利而起诉要求仁某公司承担侵权责任，仁某公司以自己为"空心楼盖专利联盟"成员为由，认为已得到其专利许可。法院认为仁某公司虽然是产业联盟成员，其仍然需要提供充分证据证明原告邱某曾经许可被告仁某公司实施该发明专利的事实，不能认为作为产业联盟的成员就自然可以实施原告邱某拥有的本案专利，进而判定仁某公司构成侵权。

专利池本质是一种由多个专利权人组成的专利许可交易平台，该平台的许可费率由全体专利权人共同决定。一般来说，专利池成员需根据各方对专利池贡献的核心专利数量的比例，制定费用分配规则和程序，在专利池完成授权后，按照既定规则或程序将许可费分配给每个专利池成员。专利池运营管理者与专利权人之间属于是专利许可或代理关系，并非属于联盟成员就当然被许可，各成员应当熟悉专利池运营管理规则。

律师建议

2007年，由广东某生活电器制造有限公司等4家企业发起成立了"电压力锅专利联盟"。其目的是对内整合行业专利资源，实现专利共享，加速技术的产业化、标准化；对外开展行业联合维权，保护国内市场，拓展国际市场。这是国内家电行业第一个专利池，现在该专利池正发挥越来越大的作用。

企业应该正确认识专利池的作用，企业的竞争对手不单是一般同行，更是掌握核心专利技术的国外企业。我国企业在开拓国际市场的同时，更要警惕国内市场也面临国外企业专利战略的严峻挑战，构建专利池不仅有利于开拓国际市场，也有利于保护国内市场。

第 37 问 专利池是怎样构成的？怎样发挥作用？

课程音频

本文作者 胡朋、吴潇

解 答

专利池是指两个或两个以上的专利权人相互间交叉许可或共同向第三方许可其专利的联营性协议安排，有时也指这种联营协议安排下的专利集合。出现专利池的原因在于某一产业领域里多家企业分别掌握行业内的核心专利技术，任何一家要正常开展经营业务就必须同时使用所有核心专利，即彼此无法绕开他方的专利权，否则无法达成要求的技术效果。同时，任何单独一家的专利权没有许可或转让的商业价值，必须同时许可或转让受让方才能达到其商业目的。

根据以上情况，任何一家的经营行为必然侵犯其他家的专利权，因此，掌握核心专利的所有企业通过协议结成专利池，彼此交叉授权或共同对外授权。各成员拥有的核心专利是其进入专利池的入场券。尤其是在高新技术产业，其专利密集性和离散性使得组建专利池更为迫切。

根据专利池的特征，显然专利池可以更好地满足新技术的推广和应用，降低独立许可谈判的交易成本，减少纠纷，同时也可以为专利权人带来更多的交易机会，实现研发投入的价值。

以案说法

独立许可管理机构 HEVC Advance 宣布 A 公司以及其关联单位已经成为 HEVC Advance 的 HEVC/H.265 专利池的许可方和被许可方。作为许可方，A 公司的全部 HEVC/H.265 标准必要专利均可从 HEVC Advance 专利池获得许可。作为被许可方，A 公司获得了全球超过一万项（并且还在增长）的 HEVC/H.265 视频压缩标准的必要专利的许可。

A 公司全球知识产权负责人说："通过专利许可活动对创新给予合理回报，可以激励更多研发投入，促进行业不断向前发展。专利池是多种专利许可方式中的一种，A 公司很高兴能够与其他视频技术贡献者一起为专利使用人提供一站式的许可，同时 A 公司也对提供一对一许可持开放态度，让专利使用人根据自身的业务需要，在不同许可方式之间有选择的机会。"他表示，"相信和 HEVC Advance 的合作将使 A 公司在媒体技术领域的创新成果得到行业广泛使用，使消费者能充分享受先进的视频技术给生活、工作带来的便利与快乐。"

HEVC Advance 首席执行官表示，A 公司是全球最大规模和最重要的科技公司之一，是创新和知识产权领域的领导者，并且为许多在通信和媒体行业广泛应用的标准作出了显著贡献。A 公司的支持标志着我们朝着消除知识产权壁垒，并让所有消费者和市场参与者都能受益于 HEVC 技术的目标又迈进了一大步。我们期待着与 A 公司共同努力，在中国和全球各地共同促进一个健康、合作的标准必要专利许可环境。但值得关注的是，专利池也存在不公平高价、收费标准不透明、重复收费等滥用市场支配地位的垄断风险。

律师建议

专利池的构建可以从以下几方面入手。

第一，公司可以以各自基础专利技术共同形成技术标准，从而构建专利池的雏形，然后结成专利技术联盟，共同推出候选技术标准。一旦该共同技术标准被政府主管部门或标准化组织采纳为法定标准或者事实标准，专利池便借此而诞生。

第二，评估必要专利构建专利池。一项标准或技术会涉及许多专利，但最终进入专利池的只能是其中的必要专利。专利池中所有专利往往是通过打包方式统一对外许可，专利池管理人一般不会仅就专利池中的部分专利进行许可。如果专利池中包含很多非必要专利甚至无效专利，实际上是违背了构建专利池的初衷，涉嫌知识产权滥用和构成垄断行为。

第三，制定政策并成立机构联盟。知识产权政策包括专利池成员共同遵守的专利许可原则、专利许可费标准等。而专利技术联盟作为知识产权管理机构，负责专利池知识产权管理、专利池对外许可、协调处理专利纠纷等事务。

第 38 问 获得专利权的发明创造需要达到什么创新高度？

课程音频

本文作者 曾祥坤

解·答

　　根据《专利法》第 22 条的规定：授予专利权的发明和实用新型，应当具备新颖性、创造性和实用性，即发明创造需要达到的创新高度。其中，新颖性是指该发明或者实用新型不属于现有技术；也没有任何单位或者个人就同样的发明或者实用新型在申请日以前向国务院专利行政部门提出过申请，并记载在申请日以后公布的专利申请文件或者公告的专利文件中。创造性是指与现有技术相比，该发明具有突出的实质性特点和显著的进步；该实用新型具有实质性特点和进步。实用性，是指该发明或者实用新型能够制造或者使用，并且能够产生积极效果。

　　特别需要说明的是，并不是所有满足上述"三性"的技术方案均能够被授予专利权。《专利法》在哪些发明可以申请专利的规定上采取了肯定和否定的双重规范。所谓肯定式规定指的是明文规定符合《专利法》关于发明创造定义并经实质审查没有发现驳回情形的发明均可以被授予专利权；所谓否定式规定指的是《专利法》中明文规定哪些发明行为产生的成果不能被授予专利权。在实际的专利审查过程中，不能用来申请专利或者即使申请人申请了专利也不会被授予专利权的常见的情形主要有以下几个。

①提交的申请并不符合《专利法》关于发明创造的定义。受限于人们的朴素感官以及对《专利法》不恰当的理解，实际审查中经常发现将纯粹商业方法等申请专利，这种申请显然并不符合发明创造的定义，因此不能称为《专利法》保护的对象。

②对违反法律、社会公德或者妨害公共利益的发明创造，不授予专利权。例如，某种技术专门用来窥探他人隐私、某种专门用来非法收集用户信息的伪基站等，均不能被授予专利权。但如果某项技术本身具备有益的技术效果，只是被不当使用后存在相关不利的后果，则应当在符合授权条件的情况下被授予专利权。

③《专利法》明确规定的不能授予专利权的几种情形，主要涉及科学发现（如发现新的元素、发现新的天然存在的物质等，但是利用科学发现做出的发明创造可以授予专利权），智力活动的规则和方法（如交通规则、比赛规则等），疾病的诊断和治疗方法，动物和植物品种，原子核变换方法以及用原子核变换方法获得的物质，对平面印刷品的图案、色彩或者二者的结合作出的主要起标识作用的设计。

④发明存在重复授权的问题。在实际的申请过程中，申请人经常存在"一案双报"的情形，所谓"一案双报"指的是申请人在同一天将其发明创造既申请发明专利，又申请实用新型专利。由于实用新型专利不经过严格的实质审查，因此，可能先于发明专利被授权。在此情况下，如果申请的发明专利经过实质审查符合其他授权条件，申请人可以通过声明放弃实用新型专利权的方式获得发明专利权。

以案说法

贝林某公司提报了名为"用于治疗慢性阻塞性肺病的新药物"的发明专

利申请后被国家知识产权局审查部门经实质审查后以权利要求1-4不具备创造性为由驳回了该发明专利申请，贝林某公司不服，向国家知识产权局专利复审委员会申请复审，复审维持原审查决定，贝林某公司对复审决定再次提起行政诉讼，认为其申请日后补充的实验数据能够明确发明具有创造性。后经法院审理后认为，先申请制是我国专利制度乃至于绝大多数国家和地区专利制度的基石。补充实验数据的提交时间在专利申请日后，其作为拟证明申请日时发明创造具有特定技术效果的证据，在满足真实性、合法性和关联性的基础上，对其证明力的审查应当体现先申请制的要求，以专利申请公开的内容为依据，审查补充实验数据拟证明的技术效果是否属于本领域技术人员能够从专利申请公开的内容中得到的，防止申请人以申请日后完成的发明创造获得在先申请日的技术垄断利益。后经行政诉讼一审、二审及再审，均以该申请不具有创造性为由维持了原审查决定。

在申请时，申请人需要提交完整的申请文件，包括说明书、权利要求书、附图等，这些文件需要清楚地描述发明并充分公开其实质内容。专利审查员将根据这些文件来评价发明的创造性。如果申请文件公开的内容不足以支持发明的创造性，审查员可能会要求申请人进行修改或补充，以使其符合创造性的要求。

需要注意的是，在申请日之后，如果有人提出了与该发明有关的新的技术方案或发现新的证据，这些内容通常不会被考虑在发明的创造性评价中。但是，如果这些新的技术方案或证据能够证明该发明的创造性存在问题，申请人可以考虑进行申诉或请求复审等救济措施。

律师建议

为确保企业专利申请更容易成功，节约专利申请费用，企业在专利申请之前，需要做好以下几点。

第一，技术创新。企业需要持续进行技术创新，开发出具有新颖性和创造性的技术，以满足专利申请的要求。

第二，专利检索。在提交专利申请之前，企业需要对相关领域进行专利检索，了解现有技术的状况和已经存在的专利，确保申请的专利具有新颖性和创造性。

第三，制定专利策略。企业需要制定适合自己的专利策略，根据市场需求和竞争情况，选择申请哪些技术、申请何种专利、何时申请专利、如何保护专利等。

第四，专利申请文件的准备。申请文件是专利申请的核心，需要仔细准备。在准备申请文件时，需要考虑如何准确描述技术特征以划定权利保护范围。

第五，积极应对审查和修改。在提交专利申请后，知识产权局会对申请进行审查，包括形式审查和实质审查。如果审查员认为申请不具备新颖性和创造性，企业需要根据审查意见进行修改和完善，据理力争。

第39问

合作或委托完成的技术成果如何确定权利归属？

课程音频

本文作者　罗超凡

解·答

　　合作完成的技术成果以及受委托完成的技术开发成果的权利归属，应当根据双方达成的协议确定。如果双方没有达成协议，则可以依据《专利法》及《民法典》的规定确定权利归属。

　　《专利法》第8条明确，两个以上单位或者个人合作完成的发明创造、一个单位或者个人接受其他单位或者个人委托所完成的发明创造，除另有协议的以外，申请专利的权利属于完成或者共同完成的单位或者个人；申请被批准后，申请的单位或者个人为专利权人。

　　在行使共同权方面，根据《专利法》第10条规定，专利申请权或者专利权的共有人对权利的行使有约定的，从其约定。没有约定的，共有人可以单独实施或者以普通许可方式许可他人实施该专利；许可他人实施该专利的，收取的使用费应当在共有人之间分配。

以案说法

　　某案，被告委托原告开发某产品，后被告将相关产品申请专利并获得授权，原告主张其属于委托开发的产品，专利权应归为原告。法院审理认为：

依据《专利法》第 8 条的规定，委托发明创造的权利归属，约定优先；无约定、约定不明或者专利授权技术方案与合同技术成果有区别时，审查该专利的实施性特点，确定对该专利技术具有实质性贡献的实际完成人，在此基础上，按照"谁创造谁保护"的原则确定专利权人。经审查，本案诉争专利的实质性技术贡献是由被告公司做出的，且原告在缔约之时就已明确知晓并接受被告有利用委托开发的技术成果为基础进行改进并申请专利的意图，因此法院驳回了原告的诉求，支持专利权归委托方被告公司所有。

律师建议

《民法典》在委托人实施该专利的措辞上用的是"依法实施该专利"。这是《民法典》与原《合同法》相比的一个重大不同，原《合同法》的规定是"委托人可以免费实施该专利"。因此，一旦委托开发的专利权归于被委托人，委托人到底还能不能免费实施该专利，不再有法律强制性的规定，也没有倾向性的意见。因此，在委托开发过程中委托方和受托方之间的约定显得尤为重要。

假如在合同中约定委托开发形成的技术成果，申请专利的权利以及专利授权后的专利权属于委托人，则委托人可以省去后续程序中实施该技术的很多法律层面的障碍，但是委托人需要承担将该技术成果及时申请专利的工作以及在专利授权后为维持该专利有效而缴纳专利费等义务。

假如在合同中约定申请专利的权利以及专利权属于受托人，那么，从委托人的角度而言，出于对其自身利益的考虑，应当对委托人实施该专利的期限、范围、费用以及具体的方式等事项进行具体的约定。当然，在没有约定的情况下专利权归于受托方针对的仅仅是委托开发行为直接产生的知识产权，如果委托人在没有约定的情况下自行申请的专利对委托开发行为的技术成果有创造性的贡献，在符合法律规定的条件下，其应当成为该专利的专利权人。

第 40 问　委托开发模式下所产生的技术成果如何判断权益归属？

课程音频

本文作者　刘清泉

对于委托合同技术开发成果的权益归属问题，《民法典》和《专利法》采取了合同优先的原则，优先根据合同约定确定权益归属。若合同约定不明或合同未对权利归属进行约定时，法律规定权利归属于完成发明创造的一方，即受托方。

根据《民法典》第859条，委托技术开发合同权属问题主要涉及专利申请权、专利权以及优先受让权等权益的归属问题。

①专利申请权是向专利局提出专利申请的权利，获得专利申请权的主体可以向专利局提出专利申请，申请审批通过后申请人将获得该项技术成果的专利权。

《专利法》第8条对专利申请权做出规定，合作或委托完成的发明创造申请专利的权利优先根据合作开发各方的约定确定。未明确约定的，申请专利的权利属于完成或者共同完成的单位或者个人。《民法典》第859条规定委托开发完成的发明创造，除法律另有规定或者当事人另有约定外，申请专利的权利属于研究开发人。

②专利权是根据法定程序在一定期限内授予发明人或设计人的一种

排他性权利。获得专利权的主体在法定期限内享有对某项发明创造的专有权,除法律另有规定外,未经专利权人许可任何单位和个体不得实施该专利。该权利一般仅在授予其权利的国家或地区范围内有效。

《专利法》第8条规定,专利申请被批准后,申请的单位或者个人为专利权人。《民法典》第859条规定,研究开发人取得专利权的,委托人可以依法实施该专利。

③优先受让权是指特定主体依法律规定或合同约定,在权利人决定将标的物转让或赠予第三人时,得以同等条件优先于他人而取得该标的物的权利。

根据《民法典》第859条,专利申请权的优先受让权则是指当依照法律规定或合同约定受托人取得技术成果的专利申请权,并计划转让该权利时,委托人可以在同等条件下优先其他人受让所转让的专利申请权。

以案说法

曹某某系一名雕塑家,陈某某系湖北省收藏家协会酒文化研究会会长。2016年,陈某某与曹某某结识,并委托其设计一款酒器,曹某某表示同意。双方未就有关委托事宜签署书面协议,也未约定委托创作费用及创作成果的知识产权归属。之后,曹某某历经创意构思、图纸设计、制作石膏模型等过程,创作完成"九头鸟"造型的酒器石膏模型,并于2017年4月份交予陈某某。2017年5月2日,陈某某向国家知识产权局提出名称为"酒鬶"的外观设计专利申请,申请号为20173015×××.2。有关外观设计照片显示,该"酒鬶"外观与曹某某交付的酒器石膏模型的外观一致。2018年7月27日,该专利申请获得授权,登记专利权人为陈某某,设计人为陈某某、曹某某。后曹某某发现此事,遂诉至法院,请求判令专利号为中华人民共和国 20173015×××× .2 外观设计专利的专利权归曹某某享有。法院认为：按《专利法》第 8 条规定，在确定本案专利权归属时，应首先判明涉案外观设计专利系合作完成的还是委托完成的。所谓合作完成的发明创造，通常指两个以上单位或者个人共同进行投资、共同参与研究开发工作完成的发明创造；委托完成的发明创造，通常指单位或者个人提出研究开发任务并提供经费和报酬，由其他单位或者个人进行研究开发所完成的发明创造。就本案而言，陈某某与曹某某之间并未就有关酒器设计事宜签署书面协议，因此只能依据有关设计的缘起、设计过程及成果交付等过程予以综合判断。本案中，曹某某系接受陈某某的委托后开始从事酒器的设计制作，在创作完成之后，曹某某将完成的成果交予陈某某。相较之下，上述过程更符合委托创作的基本特征，两人之间应是委托创作关系。因双方之间对曹某某创作完成作品的知识产权权利归属并未进行约定，按照《专利法》有关委托完成的发明创造权利归属的规定，涉案外观设计专利权应属于完成人，即归曹某某所有；陈某某并非涉案外观设计专利的完成人，不应成为涉案外观设计专利的专利权人。

律师建议

第一，委托开发模式下知识产权权属问题涉及前期专利申请准备工作、后续专利使用、维持专利有效及专利费缴纳等问题。现行《民法典》仅规定在研究开发人取得专利权后，委托人"可以依法实施该专利"，未对是否能够根据原《合同法》"免费实施该专利"进行规定。因此，基于约定优先的原则，现行《民法典》规定下委托开发过程中委托方与受托方之间对开发成果权属的约定尤为重要。

第二，委托人与受托人应当根据《民法典》第 851 条针对委托技术开发签订相应书面合同，在合同中对技术开发成果专利申请权、专利权以及相关必要程序工作等做出明确约定，包括但不限于研发申请、奖项申报及共有专利收益分配等问题。若无明确约定，专利申请权将依照相关法规归属于受托方。同时双方均需注意按照合同约定及时履行相关合同义务。

第三，若委托开发合同约定技术成果专利申请权及专利权属于委托人，那么无需过多关注后续实施该技术成果的程序，但委托人应当注意发明专利实质审查的申请时限、后续维持专利有效以及缴纳专利费等义务。

第四，若委托开发合同约定技术成果专利申请权及专利权属于受托人，那么委托人应当与受托人基于专利实施问题协商一致并在合同中明确约定专利具体实施方式等事项，包括但不限于实施期限、范围及费用等。

第 41 问 | **校企合作中，双方合作研发产品的专利权归属如何确定？**

课程音频

本文作者 刘清泉

　　校企合作，是指高校与企业为完成一定的技术开发工作，共同投资、共同参与研究开发活动、共享成果、共担风险的合作模式，通常需要订立合作开发协议，明确约定各方的具体权利义务。合作开发与委托开发最显著的区分点在于是否共同参与研究开发工作，合作开发需要共同参与，而委托开发则不需要。根据《专利法》第8条的规定，两个以上单位或者个人合作完成的发明创造、一个单位或者个人接受其他单位或者个人委托所完成的发明创造，除另有协议的以外，申请专利的权利属于完成或者共同完成的单位或者个人；申请被批准后，申请的单位或者个人为专利权人。而根据《民法典》第860条第1款的规定，合作开发完成的发明创造，申请专利的权利属于合作开发的当事人共有；当事人一方转让其共有的专利申请权的，其他各方享有以同等条件优先受让的权利。但是，当事人另有约定的除外。

　　可见，按照《民法典》及《专利法》的规定，对于校企合作研发的产品，申请专利的权利有约定的从约定，无约定的属于完成或共同完成的单位或个人，申请被批准后，申请的单位或者个人为专利权人。

以案说法

2009 年 3 月 25 日，某总医院眩晕病研究所（某总医院第三医学中心下属部门，不具备独立的法人地位）、耳鼻咽喉头颈外科（以下简称某总医院第三医学中心）与某美公司就研制涉案设备达成一致，签订涉案合作协议。该协议第 10 条约定："临床试用完成后，本设备的各项科研名誉权，发表论文、专利、获奖等成果第一完成单位和人员归甲方所有；甲方在临床试用、验证及研究过程中的各种科研成果归甲方所有；本设备的产品所有权归乙方所有。"后某美公司将合作过程中产生的成果申请了专利，专利权人为某美公司。某总医院第三医学中心知晓后，遂起诉至法院，请求判令将涉案专利的专利权人由某美公司变更为某总医院第三医学中心。法院审理认为：按照涉案合作协议的约定，某总医院第三医学中心与某美公司就涉案设备研发进行合作，某总医院第三医学中心提出项目的临床应用需求，某美公司提供可以用于临床试验、验证的设备。该协议第 10 条约定了涉案设备的相关权属，考虑到合同条文的体系以及合同订立的目的，该条款应当理解为：用于临床试验的涉案设备的相关知识成果的权属应归属于甲方即某总医院第三医学中心。某美公司认可涉案专利属于涉案设备研发的知识产权成果，按照涉案合作协议第 10 条的约定，涉案专利的唯一专利权人应为某总医院第三医学中心。涉案专利的申请日期在涉案合作协议订立之后，该专利属于涉案设备产生的后续研发成果，涉案合作协议对于涉案专利的权属已有明确约定。涉案专利的权属应当基于合同约定而不是依据研发者确定；而且在案证据亦不能证明某美公司关于涉案专利在涉案合作协议订立之前就已经产生的主张。某美公司将涉案专利的专利权归于其自身，违反了涉案合作协议的约定，某总医院第三医学中心有权要求变更涉案专利的专利权人。

 **律师建议**

第一，在技术合作、转让等过程中，合同条款不完善是导致科技成果知识产权权属纠纷的一个重要因素。这类纠纷通常为发生在合作单位之间因合同约定不规范或不全面而产生的专利权属纠纷。企业在与高校合作研发的过程中，为避免研发过程中以及研发完成后就专利权的归属问题产生纠纷，应当就专利申请权以及专利权的归属尽可能全面明确地作出约定。

第二，合同应当明确约定合同的性质究竟是合作开发合同还是委托开发合同。对于委托开发合同，根据《民法典》第859条的规定，除法律另有规定或者当事人另有约定外，申请专利的权利属于研究开发人。研究开发人取得专利权的，委托人可以依法实施该专利。而对于合作开发的合同，如前所述，申请专利的权利属于合作开发的当事人共有。

第三，合同条款的约定应当尽可能完善全面，如资金和款项及其作用和目的、成果权利和专利申请权利归属、署名次序、经济利益分享、违约责任条款、技术经济指标约定、保密条款、实施专利的后续改进技术成果权属条款等。如果双方在合同签订以前就已经开展技术合作甚至就合同中约定的开发项目已经进行开发的，应当在后续签订的合同中对该问题作出具体详尽的说明，并明确约定后续专利权的归属。合作开发须以双方有合作开发的意思表示为前提，为尽可能减少双方产生权属争议的可能性，双方在签订技术开发合同时，除在合同中约定双方共同合作开发以外，还应在合同中明确约定此项发明的专利申请权属于双方共有。

第42问　什么阶段申请专利保护科技成果最有利？

课程音频

本文作者　杜　宇

　　使用专利权对科技成果进行保护，在研发阶段申请比在实施转化过程中申请更有利。

以案说法

　　原告与被告均生产纺织机器，原告生产的精密络筒机销售了一段时间，有一些报刊对其进行了报道，而被告生产的精密络筒机与原告产品均由机头箱和机身组成，机头箱的造型、颜色、结构相似。原告认为其产品机头箱的独特形状经原告使用宣传与商业投入的手段已经具有区分商品来源的功能，被告仿冒原告知名商品特有装潢，获取了不正当的竞争优势，有违诚实信用与公平竞争的原则，违反了《反不正当竞争法》的相关规定，故要求被告承担停止侵权、赔偿损失、消除影响等民事责任。法院认为原告自身怠于以实用新型或专利形式保护权利，应承担相应后果。且原被告的产品均为大型机器设备，购买者通常会根据功能、质量、价格等因素进行选择，在机身不具有指示商品来源的识别作用的情况下，相关公众不会对商品来源产生混淆和误认，被告采用类似的设计并非不当利用原告的经营成果。

 **律师建议**

　　申请的专利需要具备新颖性、创造性、实用性三个基本特征。在司法实践中，原告用于主张权利的专利易被被告申请无效导致败诉，主要原因是该专利在原告申请前就已经丧失了新颖性或者创造性，这一点在实用新型专利和外观设计专利上表现得尤为突出。如果用于科技成果转化的专利技术或者产品，其权利状态不够稳定，在后期产业化实施过程中，就很难转化为现实生产力，更不用说核心竞争力。而专利授权审查严格、周期长、难度大，特别是发明专利。但产品设计开发需要一个过程，这个过程根据产品的不同通常会持续几个月甚至几年，而这段时间完全可能决定产品专利权的归属。例如，如果 A、B 企业同时进行相同产品的研发且进度相差不大，研发进度稍慢的 B 企业在产品设计开发过程中合适的时机就提出专利申请，研发进度快的 A 企业在产品设计开发完成后才提出专利申请，B 企业是有可能先于 A 企业获得产品专利权的。很多在企业做研发的工程师都知道，在实际研发过程中产品在完成初步设计后必然还会进行多次改良和完善，但是对于一些产品而言，完成初步设计后产品的主体结构和功能已经基本确定。这种情况就可以在产品初步设计完成后就申请专利。至于后续的改进，完全可以再申请一些专利或在先申请的专利中通过一些撰写技巧使这些改进落在保护范围内。而对于一些设计开发的方案本身比较简单，专利性主要体现在发现问题的过程和解决问题的构思上的产品，申请专利的时间甚至可以提前至基本方案在研发人员的脑中成型时即开始进行。

第43问　专利实施与科技成果转化之间是何关系？

课程音频

本文作者　曾祥坤

解 答

　　《促进科技成果转化法》第2条规定，科技成果是指通过科学研究与技术开发所产生的具有实用价值的成果。科技成果强调的是必须具有实用价值，能够转化为现实生产力。科技成果通常需要列入某种知识产权专门法律的保护客体范围，才能获得相关知识产权保护，如专利权、软件著作权、集成电路布图设计权、商业秘密（技术秘密）权等。

　　科技成果转化是指为提高生产力水平而对科技成果所进行的后续试验、开发、应用、推广直至形成新技术、新工艺、新材料、新产品，发展新产业等活动。由此可见，专利实施应属于科技成果转化的一种方式，科技成果转化的外延更加广泛。

　　由于科技成果转化是社会生产力发展的主要动因之一，近年来，国家不管是从立法还是从政策扶持角度都给予了科技成果转化相当大的支持。如《促进科技成果转化法》第45条规定，未约定情况下对于完成、转化服务科技成果做出重要贡献人员的最低标准有职务科技成果转让、许可净收入的50%以上比例及职务科技成果作价投资不低于50%的股权比例等。同时，国务院也在《实施〈中华人民共和国促进科技成果转化法〉若干规定》中明确如果科技成果转化过程中，通过正常交易、拍卖、协议定价并公示等方式确定价格的，免除领导人员在科技成果定价中因科技成果转化后续价值变化产生的决策责任。2019 年财政部公布《事业单位国有资产管理暂行办法》对于科研院所科技成果转让、许可、作价出资的定价，不再强制要求进行资产评估。

以案说法

某邦公司因认为其科技成果权和软件著作权被侵害，向法院起诉要求法院判令确认某行无锡分行销售的"基于 51 型全能优 KEY 的手机支付"产品侵犯其科技成果权和软件著作权。但在诉讼中，某邦公司所主张的科技成果为已无效或被驳回的专利，也未提交其科技成果权相关荣誉权属或表达部分受到侵害的证明，其科技成果权并未形成法定权利，故法院不支持某邦公司基于其权利的排他性提出的侵权主张，进而驳回其诉讼请求。

科技成果与知识产权并不能画等号，科技成果通常需要符合知识产权保护客体属性，才能获得该知识产权保护。本案中江苏无锡中院认为：科技成果完成后，成果本身的价值已基本确立，但是要形成法定的权利，则必须依照法律的相关规定去实施。如科技成果要列入某种知识产权专门法律的保护范围，要么是符合某项具体法律规定的，要么按照法定条件和程序依法履行相关手续。

律师建议

制定和职务发明相关的企业规章制度，可以有效避免和职务发明人的纠纷，并且可以掌控企业进行研发的成本。此外，还可以允许企业以更加灵活的方式，对职务发明人进行激励。

　　但是，在制定相关的制度时，应当注意履行相关的法定程序，如召开职工代表大会讨论、公示公告等，并采用拍照、录像、签字等方式对相关程序的履行过程予以记录，以避免潜在争议。在设计相关的奖酬制度时，其反映的价值也不宜过低，建议制定时参考《中华人民共和国专利法实施细则》（以下简称《专利法实施细则》）第 77 和第 78 条的规定。否则在职务发明纠纷发生时，法院可能会相应进行调整。

第44问 如何确定职务发明专利权归属？

课程音频

本文作者 曾祥坤

　　根据《专利法》的规定，在工作单位中完成的发明创造，一般情况下属于工作单位的财产，即属于单位所有。但是，发明人可以依法享有署名权、获得奖励和报酬的权利。若发明创造与工作单位的业务范围不相关，那么该发明创造的所有权可能归属于个人。

　　《专利法》第6条、第7条对职务发明和非职务发明归属作了明确规定，即执行本单位的任务或者主要是利用本单位的物质技术条件所完成的发明创造为职务发明创造。职务发明创造申请专利的权利属于该单位；申请被批准后，该单位为专利权人。非职务发明创造，申请专利的权利属于发明人或者设计人；申请被批准后，该发明人或者设计人为专利权人。任何单位或者个人不得压制非职务发明创造。

　　作为职务发明人，《专利法》第16条、第17条规定了发明人具体的权利，包括享有署名权、获得奖励和报酬的权利。《促进科技成果转化法》第44条还规定，对于职务科技成果转化后，应由科技成果完成单位对完成、转化该项科技成果做出重要贡献的人员给予奖励和报酬。

　　但是，民事权利法律一般遵循约定优先原则，因此，可以通过协议的方式约定职务发明或者非职务发明成果的专利权的归属，这充分体现了对合同双方意愿的尊重。奖励和报酬的金额在没有约定的情况下按照"法定标准"发放，详见下表。

专利类型	奖励	报酬
发明专利	不少于 3000 元	实施：不低于该专利每年营业利润 2%
		许可：不低于使用费 10%
实用新型专利	不少于 3000 元	实施：不低于该专利每年营业利润 2%
		许可：不低于使用费 10%
外观设计专利	不少于 1000 元	实施：不低于该专利每年营业利润 0.2%
		许可：不低于使用费 10%

以案说法

某案，原告方为单位，被告为该单位的员工，同时也是原告某专利的发明人之一，因该专利产品性能尚需进一步改进，原告多次向被告提出改进要求，被告均予以拒绝，后被告自行对该专利进行了改进，同时申请了与该专利相关联的涉案专利并获得授权。涉案专利的说明书明确载明其是原告专利的改进。原告认为涉案专利应为职务发明，专利权应归原告所有，被告则主张涉案专利不属于职务行为所产生的产品范围，根据双方的约定应为非职务发明。

本案一审法院认为，原告单位已经向被告多次提出改进要求，且被告属于原告单位的员工，其改进行为应当是执行本单位的任务，因此，其专利权的归属不能相互约定，应当属于原告单位所有。最终，一审法院判决原告是专利权人。被告不服提起上诉，二审法院驳回上诉请求，维持原判。

 **律师建议**

　　从企业知识产权管理的层面而言，企业应当建立统一的知识产权管理端口，从申请到后续的许可授权，均可以通过该统一的端口将企业员工职务行为产生的科技成果及时地转化为相应的知识产权，从而避免因为管理不统一造成员工私自申请专利，以免企业的正当权益受损。同时，从另一个可操作的层面而言，企业可以在必要的法律约束之下，提供额外的激励措施鼓励员工及时主动将职务科技成果相关的专利进行申报，这样也能够调动员工参与职务科技成果申报的积极性。由于企业与员工之间为职务发明容易发生纠纷，建议企业在员工入职或调岗位时，与员工专门签订知识产权协议，明确约定员工在职期间及离职 1 年内的全部发明创造区分与权利归属，降低专利权属纠纷发生概率。

　　企业项目研发时做好研发流程管理、研发节点控制、研发及研讨会会议记录、研发阶段成果汇报等工作，确保在发生专利权属纠纷时能提供充分证据证明为职务发明。同时，也要做好离职员工的工作动态追踪，分析双方之间业务上的竞争关系，以充分评估技术人员离职之后可能造成的知识产权风险，并在法律框架范围之内采取必要的措施，防止企业技术成果的流失。

第 45 问　职务发明、非职务发明如何区分？

课程音频

本文作者　刘清泉

　　根据《民法典》第 847 条第 2 款、《专利法》第 6 条以及《专利法实施细则》第 12 条相关规定，职务发明主要是指执行本单位的任务或者主要利用本单位的物质技术条件进行发明创造。此处的本单位包括临时工作单位。此处的本单位的物质技术条件则是指本单位的资金、设备、零部件、原材料或者不对外公开的技术资料等。具体而言，职务发明主要包括三种类型：在本职工作中做出的发明创造；履行本单位交付的本职工作之外的任务所做出的发明创造；退休、调离原单位后或者劳动、人事关系终止后 1 年内做出的，与其在原单位承担的本职工作或者原单位分配的任务有关的发明创造。

　　非职务发明，是指非基于执行本单位的任务或者非基于主要利用本单位的物质技术条件进行的发明创造，即职务发明以外的发明创造即属于非职务发明。非职务发明申请专利的权利属于发明人或者设计人；申请被批准后，该发明人或者设计人为专利权人。

以案说法

深圳市某邦科技有限公司（以下简称某邦公司）是一家专业从事医院静脉配液系列机器人产品及配液中心相关配套设备的研发、制造、销售及售后服务的高科技公司。某邦公司拥有多项专利，均涉及自动配药设备和配药装置。

2012年9月24日，李某毅入职某邦公司生产、制造部门。李某毅任职期间，曾以部门经理的名义在研发部门采购申请表上签字，在多份加盖"受控文件"的技术图纸审核栏处签名，相关技术图纸内容系有关自动配药装置的系列设计图。同时，他用工作邮件多次沟通相关项目情况。2013年4月17日，李某毅与某邦公司解除劳动关系。后李某毅向国家知识产权局申请名称为"静脉用药自动配制设备和摆动型转盘式配药装置"，专利号为201310293690.×的发明专利（以下简称涉案专利）。李某毅为涉案专利唯一的发明人。涉案专利技术方案的主要内容是采用机器人完成静脉注射用药配制过程的配药装置。后李某毅将涉案专利权转移至其控股的深圳市某程智能设备有限公司（以下简称某程公司）。李某毅在入职某邦公司前，并无医疗器械、设备相关行业的从业经验或学历证明。

某邦公司起诉至法院，请求确认涉案专利的发明专利权归某邦公司所有，法院审理后支持了某邦公司的请求。后李某毅、某程公司向最高人民法院申请再审，最高人民法院认为：首先，李某毅在某邦公司承担的本职工作或分配的任务与涉案专利技术密切相关；其次，涉案专利与李某毅在某邦公司承担的本职工作或分配的任务密切相关；再次，对于李某毅主张某邦公司在其入职前已经完成了静脉配药装置研发工作，涉案专利不属于职务发明创造的相关申请再审理由，法院不予支持；最后，从涉案专利（申请）的权利人、发明人能否对专利技术的研发过程或者来源作出合理解释的角度看，李某毅作为涉案专利唯一的发明人，在离职某邦公司后不到3个月即以个人名义单独申请涉案专利，且不能对技术研发过程或者技术来源做出合理说明，不符合常理。综上，认定李某毅、某程公司的申请再审理由均不能成立。

律师建议

第一，由于是否为职务发明对于科研机构和发明人至关重要，因此发明人应当和机构签订好相关协议，确定相关权益归属和报酬，以免后面产生相应的纠纷。

第二，科研机构也应当留存能够证明职务发明的材料证明，减少纠纷解决成本。对于职务发明报酬的具体金额应当结合《促进科技成果转化法》第 44 条、第 45 条对奖励和报酬的最低标准进行综合确定。

第46问　如何申请专利无效？

课程音频

本文作者　曾祥坤

　　申请专利权无效是一种非常有效的专利纠纷反制措施，自公告授予专利权之日起，任何单位或者个人认为该专利权的授予不符合《专利法》有关规定的，可以请求国家知识产权局宣告该专利权无效。向国家知识产权局申请宣告专利无效需要提交专利无效宣告请求书及附相关无效宣告理由和证据，国家知识产权局对宣告专利权无效的请求应当及时审查和作出决定，并通知请求人和专利权人。专利权人或请求人对国家知识产权局宣告专利权无效或者维持专利权的决定不服的，可以自收到通知之日起3个月内以国家知识产权局作为被告，无效宣告请求程序的对方当事人作为第三人向北京知识产权法院提起行政诉讼诉，对一审行政判决不服的，向最高人民法院上诉。

　　无效宣告的理由较多，根据《专利法实施细则》的规定，无效宣告请求的理由，是指被授予专利的发明创造不符合《专利法》第2条（即应符合三种专利的定义）、第22条第1款（遵循诚实信用原则）、第22条（发明和实用新型应当具备新颖性、创造性和实用性）、第23条（外观设计与现有设计或者现有设计特征的组合相比，应当具有明显区别而不与在先权利冲突）、第 26 条第 3 款（说明书应当对发明或者实用新型作出清楚、完整的说明）、第 4 款（权利要求书应当以说明书为依据，清楚、简要地限定要求专利保护的范围）、第 27 条第 2 款（外观设计图片或者照片应当清楚）、第 33 条（修改不超范围）或者本细则第 20 条第 2 款（独立权利要求具有必要技术特征）、第 43 条第 1 款（分案申请不得超原范围）的规定，或者属于《专利法》第 5 条（非违反法律、社会公德或者妨害公共利益的发明创造）、第 25 条（非科学发现、智力活动的规则和方法、疾病的诊断和治疗方法、动物和植物品种、原子核变换方法以及用原子核变换方法获得的物质等专利保护客体）的规定，或者依照《专利法》第 9 条（同样的发明创造只能授予一项专利权）规定不能取得专利权。

以案说法

某方公司就某色公司拥有的名称为"药品的自动分装与计量装置"的 03135523.× 号发明专利向国家知识产权局提出无效宣告请求，国家知识产权局审理认定专利全部权利要求属本领域技术人员根据具体应用场合的要求对技术方案进行适应性的改变，不具有突出的实质性特点和显著的进步，不具备创造性而宣告全部无效。某色公司对该专利无效宣告决定不服，以国家知识产权局为被告、以某方公司为第三人起诉至北京知识产权法院，请求撤销被诉决定，并责令国家知识产权局重新作出审查决定。北京知识产权法院审理后维持了国家知识产权局无效决定。某色公司再次上诉至最高人民法院。最高人民法院审理后认为，原审法院在未对某色公司提交的七份补充证据进行实质性审查的情况下，仅以该七份补充证据并非国家知识产权局作出被诉决定的依据，不应作为法院审查被诉决定是否具备合法性的事实依据为由不予采信的认定有误，予以纠正；进而认定本专利具有多份药品的自动、计量、分装的功能和效果，而现有技术中并没有给出相应的技术启示，故本专利权利要求与现有技术相比，具有突出的实质性特点和显著的进步，具备创造性。为此，最高人民法院判决撤销北京知识产权法院行政判决、撤销国家知识产权局作出的无效宣告审查决定、国家知识产权局就某方公司针对名称为"药品的自动分装与计量装置"的发明专利权提出的无效宣告请求重新作出审查决定。

律师建议

被宣告无效的专利权视为自始不存在，即视为该专利权从授权之日起就不产生法律上的约束力。当发现一项已授权的专利将会对企业的业务发展造成不利影响时，企业为了保护自身的利益，及时对该专利提出无效宣告是非常必要的。现在许多企业都是打"专利牌"，为了取得垄断地位和制约竞争对手申请大量专利。事实上，应对竞争的专利战，除了加快自主创新申请专利保护外，还需要仔细研究竞争对手的专利是否符合专利无效条件。尤其是实用新型专利和外观设计专利，由于不对其进行实质性审查，在不符合《专利法》的规定情况下被授予专利权的可能性更大。对此类专利更应该加强无效可行性分析，一旦竞争对手发起专利诉讼，应以专利无效作为重要的对抗手段。如果竞争对手的专利被宣告无效，可以直接消除竞争对手据以主张权利的基础和竞争优势，为企业创造更良好的营商环境。

第 47 问　什么是专利恶意诉讼？

课程音频

本文作者　曾祥坤

　　当事人为获取非法或不正当利益而故意提起的在法律上或事实上无依据的诉讼，是为恶意诉讼。

　　专利恶意诉讼通常表现为行为人明知其权利基础存在瑕疵，甚至通过专利申请创设有瑕疵的权利基础，再通过积极的行动将对方当事人拖入诉讼程序，以此达到某些维权之外的目的，如利用申请程序的漏洞欺诈审查部门，将普遍公知的技术方案申请为专利后向相关企业提起批量诉讼等。

　　主张对方为恶意诉讼，需要证明四项事实。

　　①存在侵害行为，即对方已经提起诉讼的事实。

　　②存在损害后果，如公司因此付出了诉讼成本，或者财产被冻结，造成了资金拆借利息的损失。

　　③侵害行为与损害后果之间存在因果关系，这种因果关系应该是直接的。

④行为人主观上具有恶意，可以从这几个方面进行举证、论证：行为人在提起诉讼时是否知晓其诉请缺乏法律依据或事实根据；行为人是否有损害对方当事人利益或者为自己谋取不正当利益的目的；行为人在诉讼中是否存在明显不当且有违诚信的诉讼行为。

以案说法

2014年，张某在明知的情况下，就一项已公开的产品设计申请外观设计专利。2016年，张某起诉某安公司，认为某安公司所销售的一款产品侵犯了其外观设计专利，要求赔偿1000万元，并且申请保全冻结了某安公司1000万财产。2016年7月29日，法院作出一审判决驳回张某的诉讼请求。2017年，某安公司认为张某的行为是恶意诉讼，向法院起诉要求赔偿相应损失。经审理，法院认为张某的行为构成恶意诉讼。

在恶意诉讼案件中，"存在主观恶意"是证明上的一个难点，也是前案的一个争议焦点。

在前案中，法院从三个方面对张某是否存在主观恶意进行了论证。

第一，行为人在提起诉讼时是否知晓其诉请缺乏法律依据或事实根据。张某明知该产品设计已经公开，其申请外观设计专利缺乏权利基础，但仍利用专利审查机关在申请外观设计时不进行实质审查的程序漏洞，申请专利并提起诉讼。

第二，行为人是否有损害对方当事人利益或者为自己谋取不正当利益的目的。张某申请保全的金额明显超出了外观设计专利对产品利润的贡献，即便侵权成立也不会获得法院全额支持，故张某提出该项诉请显然具有诉讼维权以外的不正当目的。

第三，行为人在诉讼中是否存在明显不当且有违诚信的诉讼行为。张某应当预见到其诉讼标的被法院全部支持的可能性极低，而选择要求冻结1000

万元资金，对某安公司造成了不必要的损失。其行为存在不正当目的，且是明显不当、有违诚信的诉讼行为。

律师建议

　　企业在面临恶意诉讼时，可以采取向专利复审委员会申请案涉专利无效从而形成有效抗辩，根据《最高人民法院关于审理侵犯专利权纠纷案件应用法律若干问题的解释（二）》第 29 条、第 30 条的规定，只要判决尚未实际执行，案涉专利被宣告无效后，均可以要求法院裁定终止执行。

　　在终止执行之后企业可以起诉恶意诉讼人要求赔偿相关损失，但是证明标准较高，受害人需要就自身损失、行为人违法行为、违法行为与损失之间的因果关系、行为人的主观恶意进行详细的举证。尤其是主观恶意的证明，受害人可以从五个方面尝试进行证明，具体见下表。

权利依据	行政审查决定中无效的事由可作为重要的参考，如利用申请程序的漏洞欺诈审查部门，将普遍公知的技术方案申请为专利，或在确权过程中通过修改限缩了保护范围，但在侵权诉讼中并未相应地变更主张
诉讼策略	在缺乏必要性和紧迫性的情况下随意申请并启动保全、勘验等临时措施，干扰对方的正常经营活动
诉讼范围	短时期内在不同地区，以商业化维权的模式提起批量诉讼
诉讼主体	授权其他非专利实施主体，代其向同行业竞争者发起诉讼
损害结果	在实体裁判结果尚未明确前，相对人就因陷于诉讼遭受明显损失

第 48 问　　怎样算是销售来源合法？

课程音频

本文作者　曾祥坤

解 答

销售来源合法抗辩是指当专利权人指控他人侵犯其专利权时，如果被控侵权人有证据证明其产品或服务的提供符合法律规定，就可以使用该抗辩来减轻或者免除自己的法律责任。

销售来源合法抗辩成立需要同时满足两个条件：一是销售者主观上不知道是未经专利权人许可而制造并售出的专利侵权产品；二是销售者客观上可以举证证明其遵从合法、正常的市场交易规则，取得所售产品的来源清晰、渠道合法、价格合理，其销售行为符合诚信原则、合乎交易惯例。具体来说，销售来源合法抗辩需要提供以下证据。

①被控侵权人有合法的进货渠道，并且有相应的凭证和记录。

②被控侵权人的产品是在国外合法购买的，并已向当地政府缴纳了相应的税款。

③被控侵权人的产品是通过合法许可或者转让获得的，且合同中明确规定了许可期限和地域范围等。

以案说法

胡某是 ZL200920043518.× 号"一种电连接插接件"的实用新型专利权人。2018 年 10 月 18 日，胡某通过网络购物平台向某松公司购买 XT60 公母头连接线 10 套，后诉至法院，主张某松公司销售的产品侵犯其专利权。经法院审理，被诉侵权产品落入胡某主张的涉案专利权保护范围。某松公司主张销售来源合法，法院认为某松公司提交的证据能够证明被诉侵权产品的来源，但主观上其未能恪尽作为诚信经营者应负的注意义务，存在主观过失，其合法来源抗辩不能成立。后经法院判决，某松公司赔偿胡某经济损失及合理费用共计 50000 元。

根据《专利法》第 72 条和《最高人民法院关于审理侵犯专利权纠纷案件应用法律若干问题的解释（二）》第 25 条的规定，在侵害专利权纠纷中，销售者主张合法来源抗辩，需要同时满足被诉侵权产品具有合法来源这一客观要件和销售者无主观过错这一主观要件。

从举证责任角度而言，如果销售者能够证明客观上其取得所售产品的来源清晰、渠道合法、价格合理，其销售行为符合诚信原则、合乎交易惯例，则推定销售者已经恪尽合理注意义务，主观上善意无过失。但如果专利权人提供相反证据，能够初步证明销售者知道或应当知道所售产品系未经专利权人许可而制造并售出这一事实，那销售者应当进一步举证，证明其已经对所售产品是否为经专利权人许可而制造并售出给予必要注意，否则应认定其主观上具有过失。本案中被诉侵权产品的来源上已经提示某松公司所售商品为非正品，某松公司作为诚信经营者应对其销售的产品是否系未经专利权人许可而制造并售出给予必要注意，但某松公司没有举证证明其尽到了合理注意义务，因此法院认定其主观上具有过失。

律师建议

　　建议销售者客观上要注意证据留痕，送货单、物流单、收据等重要凭证应留存备查；主观上针对驰名商标或知名度较高的专利产品、疑似侵权的产品等应恪以更高的注意义务，避免后续产生纠纷。

　　此外，建议销售者在与生产厂家签署采购协议时，明确要求生产厂家承诺采购产品不侵犯任何第三方的合法权利，因产品侵权导致的全部损失由生产厂家承担，销售者先行承担的，可向生产厂家追偿。

第 49 问 **才完成了技术图纸，能用先用权抗辩吗？**

课程音频

本文作者　曾祥坤

　　有权主张先用权。具体来说，先用权是如果某项发明创造在专利申请人提出专利申请之前，他人已经制造了相同的产品、使用了相同的方法或者已经做好了制造专利产品、使用专利方法的必要准备，则在该发明创造被授予专利权后，他人仍有权继续在原有的范围内制造或者使用该项发明创造，其制造和使用行为不被视为侵犯专利权。依据《最高人民法院关于审理侵犯专利权纠纷案件应用法律若干问题的解释》第 15 条第 2 款的规定，如果已经完成实施发明创造所必需的主要技术图纸或者工艺文件，那么应当认为是已经做好制造、使用的必要准备。

以案说法

　　2009 年 2 月 27 日，王某申请了名为"电机壳为焊接件的小型电潜水泵"的发明专利，其技术方案的电机壳部分系涉案专利强调的唯一发明点，其余部分均为潜水泵的已有通用部件。2008 年 10 月，华某公司完成了具有相同技术特征的产品的设计图纸。后王某认为华某公司生产的潜水泵产品侵犯其专利，诉至法院。经审理，最高人民法院认为，因该图纸与涉案专利电机壳相关技术特征一致，而其余部分又为通用部件，故华某公司已经完成了实施发明创造所必需的主要技术图纸，进而华某公司的先用权抗辩成立。

《专利法》第 75 条规定了"先用权"，这个权利可以分为三个要件理解：首先在完成时间上，需在相同产品专利申请日前完成；其次在客观条件上，需要已经制造相同产品、使用相同方法，或者已经做好制造、使用的必要准备；最后在使用范围上，需仅在原有范围内继续制造、使用。

《最高人民法院关于审理侵犯专利权纠纷案件应用法律若干问题的解释》第 15 条第 2 款则进一步明确规定了对于已经完成实施发明创造所必需的主要技术图纸或者工艺文件的，是属于符合先用权客观条件要求的情形。

故而，如果在专利申请日前，完成了主要技术图纸或工艺文件，则可以主张先用权抗辩，从而在原有范围内继续制造、使用该等产品。

值得注意的是，图纸、文件完成的时间必须在他人相同产品的专利申请日之前。因而在研发过程中，也应当注意记录相关图纸、文件的完成时间，保留相关可以证明完成时间的材料，这些都是日后维护自身正当权益的重要证据。

律师建议

对于企业的专利产品应及时申请专利权保护。对于尚在研发试验阶段的产品，其图纸、文件完成的时间是一个重要的证明事项，应当尽量保存好相关证明材料，记载好制作日期，并由相关人员签字确认，以便未来发生争议时，有证据帮助确认日期。此外，对于已经制作出原型机或者样品的产品，也可以考虑邀请较为权威的第三方对其进行检测、评估，并保留相关的书面证据，以获得更加强力的证据，对完成时间加以证明，以求在正式申请专利前，为自己的智力劳动成果提供保证。

第 50 问　　能否在不损害公共利益时免除停止
实施专利的责任？

课程音频

本文作者　刘华平、赵健淳

　　《最高人民法院关于审理侵犯专利权纠纷案件应用法律若干问题
的解释（二）》第 26 条规定：被告构成对专利权的侵犯，权利人请求
判令其停止侵权行为的，人民法院应予支持，但基于国家利益、公共利
益的考量，人民法院可以不判令被告停止被诉行为，而判令其支付相应
的合理费用。也就是说，通常情况下，被告构成对专利权的侵犯，权利
人请求判令其停止侵权行为的，人民法院应予支持，但在基于对公共利
益考量的情形之下，人民法院可以免除被告停止实施标准必要专利的责
任。这是因为公共利益隶属于更高位阶的价值，在公共利益保护和专利
权人保护之间存在冲突时，会优先考量位于高位阶的公共利益，而对专
利权人的权利形成一定的限制。为了保护专利权人的单个利益，判决停
止侵权行为会使公共利益受到影响的，显然不符合法律精神。

以案说法

1. 涉及公共环境。某源环境工程有限公司（以下简称某源公司）诉日本某化水工业株式会社和某阳电业有限公司（以下简称某阳公司）侵犯发明专利权纠纷二审案。判决要旨：被控侵权的脱硫方法和曝气装置落入涉案专利权的保护范围，某阳公司侵权成立；但鉴于烟气脱硫系统已被安装在某阳公司的发电厂并已实际投入运行，若责令其停止行为，则会直接对当地的社会公众利益产生重大影响，故在充分考虑权利人利益与社会公众利益的前提下，未支持某源公司关于责令停止行为的诉讼请求，而是判令某阳公司按实际使用年限向某源公司支付每台机组每年人民币 24 万元至本案专利权期限届满为止。

2. 涉及公共安全。某利建材有限公司、韩某诉某水资源发展投资有限公司（以下简称水投公司）和某建设工程有限公司侵害发明专利权纠纷二审案。判决要旨：被诉侵权植生块采用的技术方案已落入涉案专利权的保护范围，水投公司侵权成立；鉴于侵权产品系使用于某洲堤防加固工程，而该工程建设直接关系到当地防洪安全及公共利益，如判令水投公司停止继续使用涉案专利产品，将势必造成社会资源的浪费，且不利于防洪安全及公共利益。因此，法院不判令水投公司停止侵权行为，但应承担赔偿损失或支付与其相当的合理费用的民事责任。

律师建议

在司法实践中，法院一般会将公共环境、公共安全、公共卫生、社会经济秩序、已完工建筑物或政府工程对公众的影响因素等作为公共利益而适用不停止侵权，但需要侵权方支付相应的合理费用。因此，如果涉嫌存在侵犯专利权的行为，以生产经营为目的的使用行为，被告需要确认该使用行为是否会涉及公共利益，如涉及公共利益，则应当积极与专利权人协商，在无法停止侵权行为的前提下，承担合理的专利许可或使用费用。

第51问　专利代理机构过失导致客户专利失效，是否需要赔偿？

课程音频

本文作者　刘华平、赵健淳

　　《民法典》第929条规定，当事人之间如果订立的是有偿的委托合同，因受托人的过错造成委托人损失的，委托人可以请求赔偿损失；如果当事人之间订立的是无偿的委托合同，因受托人的故意或者重大过失造成委托人损失的，委托人可以请求赔偿损失。客户与专利代理机构订立的合同属于委托代理合同，属于委托合同范畴，故是否需要赔偿，应根据《民法典》第929条的规定进行判断。

以案说法

　　在王某与泉州市某华专利代理有限公司（以下简称某华公司）专利代理合同纠纷一审民事案中，判决要旨：被告某华公司作为涉案发明专利代理机构，负责代原告办理涉案专利申请以及在专利权有效期内的全部专利事务，而代为缴纳专利年费亦在该合同义务范围内，特别是在国家知识产权已先后向其发出《缴费通知书》《专利权终止通知书》的情况下，被告仍未谨慎履行相应合同义务，致涉案发明专利因此失效，原告也因此丧失了相应的发明专利权。被告的行为已严重违反双方合同约定，构成违约。原告诉请要求被告承担相应的责任，于法有据，应予支持。

律师建议：

第一，专利代理机构与客户订立的合同通常为有偿合同，如果因为专利代理机构的过失，导致客户的专利失效，代理机构应当承担赔偿责任。如果专利代理机构未收取任何服务费，就要看专利代理机构是否存在重大过失，以普通专利代理机构的认知水平为标准，结合理性人的合理注意义务和专业知识技能，衡量其是否尽到了同类性质、同等资质的专利代理机构，在处于相同领域以及同样情况下应尽到的最低限度的注意义务。如果专利代理机构未尽到最低限度的注意义务，导致客户专利失效，则应当赔偿客户所遭受的损失。

第二，除了依赖专利代理机构，专利权人在拿到专利证书后也应当注意，专利需要按时缴纳年费，否则在一定期限后，专利权就会终止，得不偿失。关于专利年费缴纳的现行具体规定为：授予专利权当年以后的年费应当在上一年度期满前缴纳。专利权人未缴纳或者未缴足的，国家知识产权局将通知专利权人自应当缴纳年费期满之日起6个月内补缴，同时缴纳滞纳金；滞纳金的金额按照每超过规定的缴费时间1个月，加收当年全额年费的5%计算；期满未缴纳的，专利权自应当缴纳年费期满之日起终止。

第52问　如何设计后续开发中的专利回避方案？

课程音频

本文作者　龚志立

后续开发，是指以现有技术为基础，进行优化、组合、改进、完善以及开发相关配套的产品或技术等活动。判断后续开发中的专利是否构成专利侵权，需要将该专利的范围与后续开发的成果进行对比（详见下表），在此过程中，通常需要运用全面覆盖原则和等同原则。

可能情况	专利的权利要求	后续开发成果	对比	是否侵权
1	A+B+C	A+B+C	全部特征相同	是
2	A+B+C	A+B+C+D	后续开发成果增加特征D	是
3	A+B+C	A+B+E	后续开发成果使用特征E替换特征C	根据等同原则进一步判断
4	A+B+C	A+B	后续开发成果不具有特征C	否

从上面的对比分析可见，专利权本身保护的范围是确定的，但后续开发可以采用不同于专利权保护的技术方案进行回避设计，从而避开专

利权的保护范围。根据上面对比分析依据的基本原则，回避设计可以采用如下方案。

第一种方案：后续开发成果相比专利的权利要求只需要缺少一个以上的特征，从而根据全面覆盖原则，就可以不落入专利的保护范围，不构成专利侵权。其中，该缺少的特征既可以是权利要求的前序部分的技术特征，也可以是权利要求的特征部分的技术特征。

第二种方案：后续开发成果相比专利的权利要求存在一个以上的不同特征，并且不适用等同原则，就可以不落入专利的保护范围，不构成专利侵权。同样，该不同的特征既可以是权利要求的前序部分的技术特征，也可以是权利要求的特征部分的技术特征。

以案说法

在某磨具有限责任公司、某工具有限公司侵害发明专利权纠纷一案中，原告某磨具有限责任公司认为被告某工具有限公司后续开发的专利侵害了其在先的专利。原告认为被告通过部件位置变换、形式变换等与原专利的特征进行区别，没有对专利所述及的方法产生实质性的影响，也不需要付出任何创造性的劳动，二者也应当被认定为等同。

一审法院认为根据专利侵权判定的全面覆盖原则，被诉侵权产品未落入涉案专利权利要求1的保护范围，即未侵害原告涉案发明专利权，驳回原告请求。二审法院同样认为被诉侵权方案定长的技术手段与专利步骤d完全不同，两者就该技术特征不相同也不等同。故被诉侵权技术方案未落入专利保护范围，原审法院的侵权判定结论正确。

律师建议：

在后续开发之前以及进行后续开发的过程中，企业应当重视专利检索，进行技术分析，得出专利的技术路径，从而进行规避设计。专利检索既包括检索授权专利，也包括检索未授权专利，还包括对这些专利当前所处状态的检索。通过专利检索，可以掌握相关专利的状态信息，并预测其可能的发展态势。通过对这些专利的状态进行评估，分别采取有效的对策。

回避设计可以将上述两种方案结合使用，即在后续开发成果中，在移除对象专利的权利要求的某些特征的同时又对另外的特征做改动，以有效提高回避设计的成功率，进一步避免可能的侵权风险。

第 53 问

仅在说明书或者附图中描述，而未在权利要求中记载的技术方案是否属于专利保护范围？

课程音频

本文作者　胡朋、吴潇

 解·答

　　说明书中的技术方案不属于专利保护范围。根据《专利法》第 64 条规定，发明或者实用新型专利权的保护范围以其权利要求的内容为准，说明书及附图可以用于解释权利要求的内容。《最高人民法院关于审理侵犯专利权纠纷案件应用法律若干问题的解释》第 5 条进一步规定，对于仅在说明书或者附图中描述而未在权利要求中记载的技术方案，权利人在侵犯专利权纠纷案件中将其纳入专利权保护范围的，人民法院不予支持。

　　根据以上法律规定，专利的保护范围以权利要求书中记载的技术特征为准，说明书或附图仅用于解释权利要求。因此，仅在说明书或者附图中描述而在权利要求中未记载的技术方案不属于专利保护范围。

以案说法

　　某金豪塑料新材料股份有限公司（以下简称某金豪公司）与某康利达塑料有限公司（以下简称某康利公司）侵害实用新型专利权纠纷一案中，原告某金豪公司系名称为"设暗纹的花纹隔离膜"实用新型专利权人。权利要求内容为："该专利为一种设暗花纹的花纹隔离膜，其特征在于膜上还设有至少一处暗花纹区。"而专利说明书中还另外记载了一个特殊方案，即"暗花纹区内可以没有暗花纹压花点，是光滑的膜面"。实施例中也公开了"图案或文字所在处为光滑膜面"这一方案。

原告认为被告某康利达公司制造、销售的"花纹隔离膜"侵犯了其专利权，请求法院判令某康利达公司停止侵权并赔偿经济损失。经比对，被诉侵权产品采用说明书中的技术方案，但不包含权利要求中的技术方案。

法院经审理认为，虽然说明书及实施例也记载了"图案或文字所在处为光滑膜面"这一方案，但并未载入权利要求书中。《最高人民法院关于审理侵犯专利权纠纷案件应用法律若干问题的解释》第 5 条规定，对于仅在说明书或者附图中描述而在权利要求中未记载的技术方案，权利人在侵犯专利权纠纷案件中将其纳入专利权保护范围的，法院不予支持。

律师建议

企业在申请专利时要尽可能使专利保护范围最大化，为此，在撰写权利要求书时应注意以下两点。

第一，在足以实现技术效果、满足三性要求的前提下，独立权利要求的"特征部分"描述的特征越少，可获得的保护范围就越大，其原因在于专利侵权的判断标准是被诉侵权产品包含权利要求中的全部技术特征。因此，技术特征越少，如仅包含实施该技术的必要技术特征，侵权产品就无法通过减少或变更技术特征的方式规避侵权。如果独立权利要求中包含过多技术特征，甚至不是必需的技术特征，侵权者完全可以通过删除该部分技术特征的方式避免侵权。

第二，对于具有新颖性和创造性的技术方案，不能仅在说明书或者附图中描述，而是必须将该技术方案写入权利要求中，或者另行提起专利申请，因为法律只保护权利要求中的技术方案。

第 54 问 专利许可谈判中的 25% 规则是什么？过时了吗？

课程音频

本文作者 张凯翔

　　专利许可谈判中的 25% 规则是指专利权人许可他人实施其专利，被许可方应支付其预期利润的 25% 的许可费，并保留预期利润的 75%。在国际专利许可谈判中，以 25% 为出发点，并根据实际情况双方协商谈判确定。

以案说法

　　A 公司享有某项专利权，B 公司拟使用该专利，双方就专利许可费谈判时，以 B 公司使用该专利预期获得利润的 25% 作为双方谈判专利许可费的基数，有了它作为起点，双方再根据许可内容、合作方式、市场情况去讨论如何公平地确定利润分配率，会显得相对容易一些。

律师建议

　　虽然 25% 规则在专利诉讼中的价值曾在美国诉讼案例中受到一定质疑，但不能否认 25% 规则具备一定的合理性，在专利许可谈判方面仍有一定的参考价值。实际上，无论是 25% 规则还是各种经济、财务测算模型，都只是谈判的工具。归根结底专利价值取决于市场认可和市场价值，市场又是变化的，在这一点上，被许可方所掌握的信息一般要比许可方多得多，所以规则在某种层面上也仅是一种参考。

第 55 问 专利申请公开后，原技术秘密许可协议的效力如何？

课程音频

本文作者 胡朋、吴潇

专利申请公开后，原技术秘密许可协议仍然有效：根据《民法典》第886条与《最高人民法院关于审理技术合同纠纷案件适用法律若干问题的解释》第29条的规定，专利申请公开后，原技术秘密许可协议继续有效，发明专利申请公开以后、授权以前，参照适用专利实施许可合同的有关规定；授权以后，原合同即为专利实施许可合同，适用专利实施许可合同的有关规定。

据此，申请公开后，被授予专利权以前，技术秘密许可合同参照专利许可合同处理；授予专利权后，技术秘密许可合同就按专利许可合同的法律规定处理，合同不因技术秘密被公开而无效。

以案说法

某新工贸有限公司（以下简称某新公司）与刘某潮专利实施许可合同纠纷一案中，双方缔结的协议并未约定技术所有权的移转，某新公司依约掌握模具使用权并控制产品部件的数量，故协议应为许可使用合同。同时，因某新公司在协议签订之后履行完毕之前即申请并获得了实用新型专利，法院根据《最高人民法院关于审理技术合同纠纷案件适用法律若干问题的解释》第29条的规定，在专利授权以后，原技术许可协议即转变为专利实施许可协议。刘某潮辩称该协议缔结于某新公司申请专利之前，故其定性应为模具租赁纠纷，因司法解释已有明确规定，故其主张法院不予采信。综上，法院认定涉案协议的定性为专利实施许可协议。

律师建议

《民法典》规定技术秘密使用许可协议的许可人应当按照约定提供技术资料，进行技术指导，保证技术的实用性、可靠性，承担保密义务。前款规定的保密义务，不限制许可人申请专利，但是当事人另有约定的除外。

因此，企业签订技术秘密许可协议时，若认为技术秘密公开将影响到企业商业利益的情况时，可在技术秘密许可协议中约束许可人在许可期间申请专利的权利，或是约定许可人将技术秘密申请专利后转为专利独占或排他许可，进而最大限度维护企业的利益。

第 56 问　什么是药品专利链接制度？

课程音频

本文作者　曾祥坤

　解　答

　　药品专利链接制度是指将仿制药上市审批与原研药专利期满相"链接"的制度。简言之，就是仿制药申请上市时，需要事先与原研药进行专利"链接"，确保原研药的专利权保护期不会因此受到不当损害。该制度旨在保护创新药品的专利权，防止仿制药不当上市对原研药市场的影响。

　　《专利法》第 76 条规定，药品上市审评审批过程中，药品上市许可申请人与有关专利权人或者利害关系人，因申请注册的药品相关的专利权产生纠纷的，相关当事人可以向人民法院起诉或向国务院专利行政部门请求行政裁决，请求就申请注册的药品相关技术方案是否落入他人药品专利权保护范围作出判决。国务院药品监督管理部门在规定的期限内，可以根据人民法院生效裁判作出是否暂停批准相关药品上市的决定。

以案说法

　　某制药株式会社是名称为"ED-71 制剂"的发明专利权的权利人，同时也是上市原研药"艾地骨化醇软胶囊"的上市许可持有人。某制药株式会社在中国上市药品专利信息登记平台就上述药品和专利进行登记，主张其原研药与涉案专利权利要求 1-7 均相关。温州海某药业有限公司（以下简称海某公司）申请注册"艾地骨化醇软胶囊"仿制药，并作出 4.2 类声明，即仿制药未落入相关专利权保护范围。某制药株式会社依据《专利法》第 76 条向北京知识产权法院提起诉讼，请求确认海某公司申请注册的仿制药技术方案落入涉案专利权的保护范围。一审法院认为，涉案仿制药技术方案未落入涉案专利权保护范围，故驳回某制药株式会社的诉讼请求。某制药株式会社不服，提起上诉。最高人民法院二审认为，判断仿制药的技术方案是否落入专利权保护范围时，原则上应以仿制药申请人的申报资料为依据进行比对评判，经比对，涉案仿制药技术方案未落入专利权保护范围，判决驳回上诉，维持原判。本案系全国首例药品专利链接诉讼案件。2020 年修正的《专利法》正式确立了我国的药品专利链接制度，本案判决贯彻立法精神，对实践中出现的药品专利链接制度相关问题进行了有益探索。

律师建议

医药企业可以通过以下方式更好地利用药品专利链接制度：第一，了解和研究国家药品专利链接相关法律法规和政策，包括《药品注册管理办法》《专利法》《专利法实施细则》等，以便在制定药品研发和注册策略时，能够充分利用药品专利链接制度的规定，保护企业的合法权益。第二，关注同类药品的专利状态和注册进展，了解相关仿制药企业的研发和注册情况，及时掌握市场动态和竞争态势。第三，加强药品专利申请和保护，通过申请核心专利、改进专利等手段，保护药品的技术创新和市场优势。同时，要加强对仿制药企业的侵权行为进行维权，保护企业的合法权益。第四，根据自身情况，合理运用药品专利链接制度，通过与原研药企业的谈判、协商或诉讼等方式，维护企业的合法权益。第五，加强与政府部门和行业协会的合作，参与相关政策制定和行业活动，了解行业动态和政策走向，为企业的发展提供有力支持。

第 57 问　专利密集型产业是什么？有什么特点和意义？

课程音频

本文作者　张凯翔

解·答

　　专利密集型产业是指发明专利密集度、规模达到规定的标准，依靠知识产权参与市场竞争，符合创新发展导向的产业集合，其范围包括信息通信技术制造业，信息通信技术服务业，新装备制造业，新材料制造业，医药医疗产业，环保产业，研发、设计和技术服务业七大类。

　　专利密集型产业的特征集中于"三高"：一是高科技含量，专利密集型产业的发展是建立在先进技术研发、应用的基础上，对技术、智力、科技等的依赖较大；二是高成长性，专利密集型产业极具创新活力和市场竞争力，发展潜力和增值空间巨大，能引领产业发展方向；三是高产值贡献，以专利密集型产业为代表的知识产权密集型产业辐射带动能力强、经济效益优，对经济增长和就业率的提升具有直接而重要的贡献。

　　随着专利在国民经济中的作用日益凸显，我国也将专利密集型产业培育作为建设知识产权强国、实施创新驱动发展战略的重要抓手。保护知识产权就是保护创新，推动以专利密集型产业为代表的知识产权密集型产业的向好发展对于我国建设创新型国家和世界科技强国具有重要意义。

以案说法

《企业专利密集型产品评价方法》（T/PPAC 402-2022）规定，企业专利密集型产品的评价应同时满足以下条件：评价对象属于《知识产权（专利）密集型产业统计分类》所列的行业；评价对象使用至少一项法律状态为有效的专利；评价对象属于企业主营业务产品。如企业产品符合上述条件的，可以申请专利密集型产品认定，有利于提升产品竞争力和拓展业务市场，并进一步获取政策支持，助力企业发展。

律师建议

针对知识产权密集型产业，企业控制人应加强知识产权保护意识，建立专利许可、使用、管理、风险防范等全流程规章制度，针对特殊的专利，积极投保，避免专利被侵权、被滥用等带来的损失，积极申请专利密集型产品认定，多层面促进知识产权对企业价值实现的推动作用。

第 58 问　什么是专利导航？专利导航如何帮助企业发展？

课程音频

本文作者　张坤、林凡

　　专利导航是在科技研发、产业规划和专利运营等活动中，通过利用专利信息等数据资源，分析产业发展格局和技术创新方向，明晰产业发展和技术研发路径，提高决策科学性的一种模式。专利导航是在现有的专利检索、专利分析、专利预警等信息利用手段基础上进行的理论升级和方法创新，是专利制度在产业运行中的综合应用，也是知识产权战略支撑创新驱动发展战略的具体体现。

　　专利导航可以分为产业规划类专利导航和企业运营类专利导航。其中，产业规划类专利导航项目需要紧扣产业分析和专业分析两条主线，将专利信息与产业现状、发展趋势、政策环境、市场竞争等信息深度融合，明晰产业发展方向，找准区域产业定位，指出优化产业创新资源配置的具体路径。企业运营类专利导航项目则是在已有产业规划类专利导航成果的基础上，以专利运营为目标，围绕企业发展策略，结合企业的产业链地位和创新能力开展的专利导航分析工作。

　　2021 年 6 月，为便于指导规范专利导航工作，国家知识产权局起草《专利导航指南》（GB/T39551-2020）系列国家标准，该指南的系列国家标准共包括 7 个部分。其中，和企业最直接相关的是第 4 部分企业经营专利导航（GB/T39551.4）和第 5 部分研发活动专利导航（GB/T39551.5）。第 4 部分包括投资并购对象遴选、投资并购对象评估、企业上市准备、技术合作开发、技术引进、产品开发。第 5 部分评价研发立项、辅助研发过程。

律师建议

第一，以投资并购对象遴选为目标的专利导航，以专利数据为基础，通过评议拟投资并购技术领域内技术拥有者的情况，从技术创新的角度为投资并购提供遴选目标对象的建议；第二，以投资并购对象评估为目标的专利导航，以专利数据为基础，通过评价投资并购对象的技术创新实力和专利侵权风险，为投资并购决策提供建议；第三，以企业上市准备为目标的专利导航，以专利数据为基础，通过系统分析企业的专利及相关技术创新情况，评价创新实力，排查市场风险，为企业上市提供建议；第四，以技术合作开发为目标的专利导航，以专利数据为基础，通过与企业、高等院校及科研组织等相关信息的关联分析，提出技术合作主题、遴选技术合作对象等建议；第五，以技术引进为目标的专利导航，以专利数据为基础，通过与产业、市场等信息的关联分析，提出待引进技术的持有人、可引进的具体技术、引进策略、风险防范等建议；第六，以产品开发为目标的专利导航，以专利数据为基础，通过与产业、市场、政策等信息的关联分析，提出企业产品开发方向、技术研发路径及风险规避等建议；第七，以评价研发立项为目标的专利导航，以专利数据为基础，在研发立项前，对研发立项的必要性和可行性等进行评价，防范潜在风险；第八，以辅助研发过程为目标的专利导航，以专利数据为基础，在研发过程中，对在研项目的技术研发情况及其技术竞争环境进行综合分析，提出风险规避及技术优化的建议。

第 59 问　国际专利申请流程有哪些途径和环节？不同的途径有何优缺点？

课程音频

本文作者　王育信、刘华平

　　国际专利申请的途径有直接向外国申请专利、巴黎公约和 PCT 申请三类。

　　直接向外国申请专利：根据技术方案交底书撰写好发明或实用新型专利申请文件后，以纸件方式向国家知识产权局递交保密审查请求，在收到国家知识产权局作出的专利无须保密决定后，将专利申请文件翻译成目标国家的官方语言，再向目标国家的专利主管部门提交申请。外观设计专利无需递交保密审查请求，即可向目标国家的专利主管部门提交申请。直接向外国申请专利的流程环节以目标国家的专利主管部门的规定为准。

　　巴黎公约：巴黎公约的主要原则是申请人在该公约任一成员国就一项发明创造第一次提出申请后（在先申请），在一定特定期限内（即优先权期限，外观设计为 6 个月，发明或实用新型为 12 个月），同一申请人可就其同样的发明创造在其他成员国提出申请（在后申请），这些在后申请被认为是与第一次申请同一天提出的。一旦申请人决定申请国外专利，即可在上述期限内提出申请并要求优先权。巴黎公约的流程环节以目标国家的专利主管部门的规定为准。

PCT 申请：PCT（专利合作条约）申请分为国际阶段和国家阶段。其中，国际阶段是申请人向受理局（中国申请人通常选择国家知识产权局作为受理局）递交申请，并由国际检索单位（中国申请人通常选择国家知识产权局作为国际检索单位）进行国际检索，作出国际检索报告，然后由世界知识产权组织的国际局进行国际公布；国家阶段是在国际公布后，选择向目标国家的专利主管部门提交申请，PCT 申请国家阶段与直接申请途径和巴黎公约途径的流程环节相同，以目标国家的专利主管部门的规定为准。PCT 申请同样可以要求优先权（即发明专利或实用新型专利为 12 个月），并且外观设计专利不能通过 PCT 申请途径进入国外。

直接申请途径和巴黎公约途径的优缺点分析：优点是审查周期短、费用相对较少；缺点是如果目标国家较多，需要单独向每个国家提出申请，比较耗时耗力，并且发明专利申请存在较大的驳回风险。

PCT 申请途径的优缺点分析：优点是如果目标国家较多，可直接在国家阶段选择同时要进入的多个目标国家，省时省力，并且经过国际检索后，如果结论是发明专利申请具备新颖性、创造性和实用性，则在目标国家申请专利的驳回风险将大大降低；缺点是审查周期较长、费用高。

案例说明

1. A 公司由于只在中国和美国有产品销售，故 A 公司选择在中国和美国同一天递交了专利申请，此举属于直接向外国（美国）申请专利的情况。

2. B 公司同样只在中国和美国有产品销售，但 B 公司的策略是先在中国申请专利，再在 12 个月内将产品在美国进行销售。此时，B 公司采用巴黎公约的策略，在美国申请专利时，要求了其中国专利申请的优先权。

3. C 公司在中国和日本、韩国、美国均有产品销售，为了方便同时在这几个国家进行专利布局，C 公司采用了 PCT 申请的方式。

律师建议

　　采用什么样的国际申请策略，应当根据自身情况及需求进行确定：首先，若申请人想要进行专利保护的目标国家明确、个数较少且前期检索后认为专利授权前景较好，则建议选择直接申请途径或巴黎公约途径，缩短审查周期；其次，若申请人想要进行专利保护的目标国家不确定、个数较多或短期内存在一定经济压力，则建议选择 PCT 申请途径，从而可以有充裕的时间来进行专利布局决策，选择进入的具体国家以及筹备国家阶段的专利申请费用；最后，若申请人对申请专利的授权前景把控性较差，建议选择 PCT 申请途径，从而可以根据国际阶段的国际检索报告及书面意见的内容对申请方案的可专利性进行初判，同时还可以请求进行国际初步审查，结合国际初步检索及国际初步审查的结果再决定是否办理进入国家阶段的手续以及进入哪些国家，防止直接在具体目标国家申请专利后，出现驳回且已投入较多资金的情况。

第 60 问　什么是商标权利的地域性？

课程音频

本文作者　赵　珂

解·答

　　商标权利的地域性是指一个国家或地区依照本国的商标法或本地区的商标条约所授予的商标权，仅在该国或该地区有效，对该国或该地区以外的国家及地区没有约束力，除非有国际条约之规定。基于商标的地域性，商标申请人在中国境内注册商标后，如果有境外业务发展需要，应及时到意向国家或地区申请商标注册。但需要关注的是，根据《巴黎公约》《与贸易有关的知识产权协定》等国际公约，各国对于未注册驰名商标也具有保护义务。

以案说法

　　1. 在绝大多数人对商标都没有什么概念的 20 世纪 90 年代，A 地的小明一口气注册了在 45 个类别下的"现代"商标，其中包括核定使用在"汽车、电车及零部件"等商品上的"现代"商标。2002 年，韩国的现代集团与北京汽车投资公司合资成立了北京现代汽车公司，却发现"现代"商标早已被小明注册了，在与小明进行数轮拉锯式谈判之后，小明正式将自己名下第 12 类汽车类的"现代"商标转让给韩国现代集团，与此同时还获得现代汽车在 A

地的总经销权。

2. 联想公司目前的英文标识是"Lenovo"，但 2003 年以前用的却是"Legend"（传奇）。这是因为当联想准备拓展海外市场时，发现"Legend"商标在部分国家已经被他人先注册使用，在海外继续使用"Legend"有可能侵权了，联想为了保持全球整体品牌形象和声誉，使品牌国际化、全球化，用"Lenovo"的新标识置换了沿用 19 年的"Legend"标识。

律师建议

商标权利具有严格的地域性，在某单个国家取得的商标权利只能在该国内部获得保护，其他国家不当然承认其权利。企业要使其商标权利在产品销售国家获得保护，扩大商标权利的保护范围，就必须按照产品销售国家的法律或条约规定取得商标权。目前在世界范围内大多数国家对于商标专用权保护采取的都是注册制。企业主要可选择两种方式：一是直接向所在国家申请商标注册；二是按照《商标国际注册马德里协定及其有关议定书》，向世界知识产权组织国际局申请商标国际注册。

第 61 问　　在先权利是否影响商标注册与使用？

本文作者　赵　珂

课程音频

解·答

　　在先权利是指在申请人提出注册商标申请以前，他人已经依法取得或者享有并受法律保护的权利。在先权利既包括在先商标，也包括姓名权、肖像权、著作权、外观设计专利权、企业名称权、知名商品的特有名称、包装或装潢使用权、地理标志权、特殊标志权、奥林匹克标志权及世界博览会标志权等。根据《中华人民共和国商标法》（简称《商标法》）的规定，申请商标注册时，如果与他人的在先权利相冲突，会影响商标注册与使用，如果申请人主观存在恶意，有可能导致对在先权利人的侵权和赔偿。

以案说法

　　小乔是国际知名篮球运动员，有企业以小乔的名字注册商标"小乔体育"，小乔认为该商标损害其在先权利姓名权、肖像权且以不正当手段取得注册，遂向国家知识产权局提出撤销申请。国家知识产权局做出争议商标未侵犯小乔在先权利及争议商标并非以不正当手段取得注册的裁定。小乔不服裁定，进行了一审、二审两次诉讼都被判决维持裁定，再审申诉至最高人民法院。最高人民法院认为小乔是运动领域有较高知名度的公众人物，企业在明知小乔广泛的知名度的情况下，未经许可擅自将小乔的姓名注册为商标，容易导致相关公众误认为标记有该商标的商品或者服务与小乔存在代言、许可等特定联系的，损害了小乔的姓名权，遂判决撤销一、二审判决以及国家知识产权局裁定，并判决其重新作出裁定。

律师建议

企业在申请商标注册时，尽量避免使用网络搜索的字体或图片，防止误用了他人享有著作权的字体和图片，也应避免使用未经本人同意注册商标的肖像、漫画像等，侵犯他人的在先权利。在注册申请文字类（包括中文、英文、拼音等）商标时，尽量在商标注册申请之前做全面检索，防止与他人已注册商标相同或近似，也应避免使用知名人士的笔名、艺名、译名等名称侵犯他人姓名权等在先权利。例如 2020 年末，某真的爆红致使"某真"商标被多家公司抢注，类别涉及日化用品、教育娱乐、网站服务等，最终该类商标申请均被国家知识产权局驳回。商标的价值在于使用，企业在申请商标注册之时，就应当有意识地避免与他人在先权利相冲突，更不能对他人拥有的在先权利进行恶意抢注，只有独特的商标品牌才能助力塑造企业的长远未来。

第 62 问　　**商标被抢注了怎么办？商标恶意抢注怎么认定？**

本文作者　赵　珂

课程音频

解　答

　　商标被抢注可以通过以下方式维权：①如果被抢注的商标处于初审公告期，可以通过向国家知识产权局提出异议，对国家知识产权局的决定不服的，则需要另行向国家知识产权局请求宣告该注册商标无效。②如果被抢注商标已核准注册，可以在该商标注册后五年时间内向国家知识产权局请求宣告该注册商标无效；当然，如果被抢注商标属于驰名商标，则请求宣告该注册商标无效无上述五年时间限制。③如果被抢注商标在注册后长期没有进行使用，可以"连续三年未使用"为由向国家知识产权局提出商标撤销申请。恶意抢注的认定要件：申请人使用欺骗或者其他不正当手段；申请人为牟取不正当利益；申请人注册成功。

以案说法

　　小陈注册"天池"文字商标，该商标核定使用类别为第30类，包括"茶、面包"，后小陈以天池茶业公司、天池众福公司、道轩公司在其生产、销售的茶产品及相关网页等使用的标识侵犯其商标专用权为由，向法院起诉请求停止侵权并赔偿损失。法院认为，天池茶业公司将"天池"作为企业字号及将"天池茶业"作为商业标识突出使用的时间均早于小陈"天池"商标的申请注册时间，且天池茶业公司在当地茶行业具有一定知名度，因此享有在先权利，其对标识的使用不会导致相关消费者产生混淆；小陈作为茶业协会会长应当知道同为协会会员天池茶业公司的在先权利，且查明小陈还具有抢注囤积商标且不实际使用的行为。综上，法院认定小陈违反诚实信用原则以及构成权利滥用，不支持其诉讼请求。

律师建议

抢注商标行为屡见不鲜，尽管法院或国家知识产权局会根据案件的基本情况保护在先权利人的合法权益，但是企业自身应当对商标引起足够的重视，尽早对拟使用商标申请注册。一旦发现商标被人抢注，就应当及时启动救济程序。企业可以通过行政程序在商标公告之日起 3 个月内向国家知识产权局提出异议；也可以在被抢注商标已核准注册后的 5 年时间内请求国家知识产权局对已注册商标提出无效宣告，对国家知识产权局决定不服的，可以向北京知识产权法院提起行政诉讼；也可以在民事诉讼程序中主张其享有合法的在先权利、注册人系抢注和使用不正当手段等进行抗辩。

第 63 问　企业对业内具有较高知名度的品牌进行蹭热度、傍大牌行为的风险何在？

课程音频

本文作者　赵　珂

　　蹭大牌属于《商标法》所规定的侵犯注册商标专用权的行为。《商标法》第 57 条第 1 款规定："有下列行为之一的，均属侵犯注册商标专用权……（二）未经商标注册人的许可，在同一种商品上使用与其注册商标近似的商标，或者在类似商品上使用与其注册商标相同或者近似的商标，容易导致混淆的。"《商标法》第 13 条规定："为相关公众所熟知的商标，持有人认为其权利受到侵害时，可以依照本法规定请求驰名商标保护。就相同或者类似商品申请注册的商标是复制、摹仿或者翻译他人未在中国注册的驰名商标，容易导致混淆的，不予注册并禁止使用。就不相同或者不相类似商品申请注册的商标是复制、摹仿或者翻译他人已经在中国注册的驰名商标，误导公众，致使该驰名商标注册人的利益可能受到损害的，不予注册并禁止使用。"

以案说法

农夫山泉公司是"农夫""农夫山泉""NONG FU SHAN QUAN"商标权利人。自2008年以来，农夫山泉公司以"我们不生产水，我们只是大自然的搬运工"为广告语，在中央电视台及各电视媒体等对其农夫山泉饮用水进行了持续、广泛的宣传。峨某雪公司在其经营的官方网站使用"我们只是大自然的搬运工"广告语，峨某雪公司、某谷农夫公司、某光桶装水经营部在其生产销售的11.0L、18.6L桶装水上使用了"峨眉山农夫矿泉"字样。法院认为，涉案商标核定使用的商品范围与被控侵权商品均属于同一类别，其功能和用途相同，相关公众和销售渠道有重叠，容易使相关公众认为其商品来源于同一主体，从而对商品来源产生混淆。峨某雪公司、某谷农夫公司、某光桶装水经营部的行为构成商标侵权。

律师建议

在商标侵权裁判中，法院会对被诉侵权标识与注册商标是否相同或近似以及是否容易引起相关公众的混淆误认作出判断，当企业使用与其他企业产品已经建立固定联系的描述词时，采取一般人标准来审查是否会对商品的来源产生混淆和误认。因此企业在生产经营过程中，要养成商标权利意识和充分的商标敏感度，对于某些日常的产品描述性词语，如果该词语已经和某个产品产生固定联系，具备了区分产品来源的功能，则企业在申请注册商标时应当予以规避，避免被追究商标侵权责任。

第 64 问　　企业承揽涉外定牌加工业务，也就是常说的"贴牌"，是否必然不构成侵犯境内注册商标权？

课程音频

本文作者　刘 伟

解·答

　　涉外定牌加工业务也有可能构成侵犯境内商标权，应当遵循《商标法》上商标侵权判断的基本规则判断其是否有侵权情况，即是否构成《商标法》第 57 条所列的情形，不能把涉外定牌加工方式简单地固化为不侵害商标权的除外情形。商标权具有地域性，境外商标权不是豁免中国境内商标侵权责任的抗辩事由。与此相应，中国境内的民事主体依据境外商标权获得的"商标使用授权"，也不属于《商标法》保护的合法权利。

以案说法

　　J 国的 A 公司在我国商标局核准注册一系列商标。后我国 K 市海关向 A 公司发出《关于确认进出口货物知识产权状况的通知》，告知 A 公司 K 市海关下属的 R 市海关查获申报出口的一批商标标识为"HONDAKIT"摩托车，可能涉嫌侵犯 A 公司在海关总署备案的知识产权。经查该批货物系由 M 公司授权委托 H 公司加工生产，A 公司向一审法院提起注册商标侵权诉讼。H 公司认为其实施的是涉外定牌加工行为且产品经过 M 国商标权利人合法授权，不在国内销售。最高人民法院在根据查明的事实确认被诉侵权行为属于涉外定牌加工后，就 H 公司会否构成商标使用行为以及该行为是否构成商标侵权进行分析。最高人民法院认为根据《商标法》规定，商标的使用应当作整体解释，不应该割裂成单独某一环节来判定，只要具备了区别商品来源的可能性，就应当认定该使用状态属于《商标法》意义上的"商标的使用"。同时，根据《最高人民法院关于审理商标民事纠纷案件适用法律若干问题的解释》第 8 条规定，首先，本案"相关公众"也包括与被诉侵权商品的营销密切相关的经营者，如中国到境外旅游的消费者，或者通过其他渠道流回国内，使得"贴牌商品"也存在被境内公众所接触和混淆的可能性。其次，H 公司在其生产、销售的被诉侵权的摩托车上使用"HONDAKIT"文字及图形，尽管对大小、颜色有所修改，但仍然与 A 公司请求保护的三个商标构成在相同或者类似商品上的近似商标，容易让相关公众混淆。针对 H 公司获得了 M 国公司的商标使用授权，最高人民法院指出，商标权具有地域性，对于仅在外国注册没有在中国注册的商标，不享有注册商标专用权，因此 H 公司用以抗辩的"商标使用授权"在我国无效力。综上，最高人民法院认定 H 公司的被诉侵权行为构成侵害 A 公司请求保护的涉案三个商标的注册商标专用权。

律师建议

随着经济发展和全球化程度不断加深，国际贸易分工日益复杂，企业在承接涉外定牌加工承揽业务时，应当将知识产权问题纳入考量范围，在承揽业务前应当充分考察加工的产品在国内有无申请注册商标，是否可能构成商标侵权行为等。同时，为了规避转移风险，在拟定合同文件时，应当要求定作方对于产品商标在国内拥有合法商标权作出承诺，并承担若发生侵权给承揽方造成的一切经济损失。

第 65 问

同一件商标是否可以许可不同的人，应该如何许可？商标许可合同不经备案有效吗？不备案有何风险？

课程音频

本文作者　刘　伟

　　商标使用许可分为独占使用许可、排他使用许可和普通使用许可。独占使用许可：只允许对方使用（商标权人虽然拥有商标但在合同期限内也不能使用）。排他使用许可：对方和商标权人皆可使用。普通使用许可：除了对方，商标权人还可授权给其他人使用。同一件商标可以以普通许可方式许可给多个人使用，甚至同一件注册商标核准的不同商品项目或服务项目也可以许可给多个人使用。许可方式、许可费用、许可后如何维权等均可以通过商标许可合同方式进行约定。商标许可合同经双方签章或满足合同约定的生效条件即产生商标许可效力。商标许可合同备案不是商标许可合同生效要件，但商标许可合同备案具有公示效力。商标许可合同未经备案不能对抗善意第三人。

以案说法

　　因某市 A 公司销售部销售产品上有与 B 公司拥有的第 179288× 号"王"注册商标在视觉上基本一致的标识，被 B1 公司诉至法院要求 A 公司承担侵权责任。在诉讼中，A 公司提出，因 B 公司与 B1 公司之间的商标许可合同没有报商标局备案，B1 公司没有权利提起商标侵权诉讼。法院认为，B 公司将上述商标许可给 B1 公司使用，并授权 B1 公司以自己的名义对相关侵权行为提起诉讼，故 B1 公司主体适格。根据《商标法》规定，商标使用许可合同未经备案的，不影响该许可合同的效力。不得对抗第三人的适用场景应为商标被重复许可或许可后再转让，且该受让或被许可人符合善意第三人之条件（即受让为善意且支付了合理价格等）的情形。基于生效商标使用许可合同而获得权利的商标使用被许可人，并不丧失对注册商标不享有任何权利的第三人依法主张其商标权的权利。

律师建议

　　企业作为商标权人有权将所拥有的注册商标使用权分离出一部分或全部许可给他人有偿使用，以获取更大的商标许可收益。企业作为商标被许可人时，应该注意商标许可合同约定的许可项目是不是企业经营所必需的商标或服务项目，并且尽量将商标许可合同报商标局备案，以最大限度保护自身合法权益。商标许可合同生效只需要满足一般合同的生效要件，将商标许可合同备案产生的是公示效力。实践中未经备案不可对抗第三人的情景，是指排他性的商标许可合同未经备案，但是商标使用权被重复许可或许可后再转让后，该受让人善意且已支付合理对价，可以取得商标使用权。

第 66 问　　什么是商标"护城河"？怎么搭建？

课程音频

本文作者　赵盈寅

解·答

　　商标"护城河"是指在企业的注册商标基础上，通过在关联商品上注册相同或近似商标，以最大程度防止注册商标被他人注册和使用。

以案说法

　　搭建商标"护城河"非常直观的例子有贵州知名企业老干妈的商标，其注册商标包括了老千妈、老大妈、老干爹等一系列近似的商标。农夫山泉公司在 1996 年成立之初，便以"农夫""农夫山泉"申请了多个商标。商标权是知识产权的重要组成部分，是一种无形的财产权利，对企业而言非常重要。为了应对不诚信的市场主体，搭建商标"护城河"成了知名企业防御商标侵权的无奈手段。搭建商标"护城河"，有利于企业在跨领域经营时拥有注册商标。同样，相关多类商标注册还可以在防止他人商标抢注上节约时间和维权成本。

律师建议

搭建商标"护城河"在实务中非常常见，对于行业内拥有较大品牌影响力的企业，不仅能够起到事先防御的作用，还可以有效降低维权成本。但跨类注册商标和海量注册近似商标对中小微企业而言耗资不菲而收益有限，且防御商标还有被提"撤三"的风险，即已经注册的商标没有正当理由连续三年不使用而被他人依法提出撤销商标申请。有鉴于此。企业没有大规模注册商标的必要，而应当结合自身规模，结合自身商品或服务的类别，合理确定自身的防御性商标拥有量。

第 67 问　　企业破产了，商标是否还值钱？

课程音频

本文作者　赵盈寅

商标权是一项重要的无形资产，具有财产属性。即使企业破产了，具有一定知名度的商标依然具备一定的商业价值，其承载的商誉仍然可能发挥市场价值。

以案说法

2020 年 8 月中旬，成都最后一家某鱼头火锅关闭，承载无数人味觉记忆、创下无数商业传奇的"某鱼头"商标由此进入拍卖程序。2021 年 5 月 1 日到 2 日，某鱼头公司名下的 49 个商标专有权，在阿里拍卖平台上拍卖，这些商标专有权的起拍价为 100 万元，共有 8 人报名、6 人出价，最终的成交价为 1510 万元，溢价超过 15 倍。

一般而言，决定商标含金量要看以下几个因素：一是注册商标是否完整，如果一个注册商标在几个"相关类别"都申请注册了，那就意味着其未来发展的空间很大，商标价值理所当然会高很多；二是注册商标的热度、知名度等；三是商标在使用过程所产生的美誉度，使用时间越长，美誉度越高，商标价值理应越高。

律师建议

　　企业应该做好商标资产的管理，当企业发生经营困难急需要资金时，良好的商标资产不但可以向银行申请商标质押融资，还可以出让商标资产获得商标转让资金，以解决企业的燃眉之急。当发生企业破产时，债权人应重视破产企业的无形资产处理，如商标权、专利权、著作权等均可以进行变卖或拍卖，以提高破产清偿率。

第 68 问

申请商标在同一种商品或者类似商品上采用与已经注册的在先商标类似的字形设计，是否构成侵权？

课程音频

本文作者 林 杨

解·答

　　商标近似是指商标文字的字形、读音、含义或者图形的构图及颜色，或者其各要素组合后的整体结构相似，或者其立体形状、颜色组合近似，易使相关公众对商品或服务的来源产生误认或者认为其来源与注册商标的商品或服务有特定的联系。如果申请的商标与同一种商品或者类似商品上采用与已经注册的在先商标类似的字形设计，容易使相关公众混淆，就可能被判定为近似商标。

以案说法

　　许某于 2014 年在第 3 类"化妆品"等相关商品上申请注册了"水滋源SUIZIYAN"商标（"申请/诉争商标"）。株式会社某生堂认为诉争商标是出于对其在相同、类似商品上在先注册的"SHISEIDO"商标的模仿，根据《商标法》第 30 条等提起无效宣告程序。国家知识产权局经审理未支持株式会社某生堂的无效宣告理由，裁定对诉争商标予以维持。株式会社某生堂向北京知识产权法院起诉，要求撤销国家知识产权局该裁定。北京知识产权法院判决撤销国家知识产权局作出的商评字〔2019〕第 80858 号关于第15258299 号"水滋源 SUIZIYAN"商标无效宣告请求裁定并就原告株式会社某生堂针对第 15258299 号"水滋源 SUIZIYAN"商标提出的无效宣告请求重新作出裁定。国家知识产权局上诉后，北京市高级人民法院二审判决维持。

律师建议

  企业在申请注册商标时，需要做好同种类或者类似商品服务中在先注册商标的查询检索工作，避免因申请商标在字形、读音、图形、形状、颜色等方面与在先注册商标存在相同或者近似从而被商标局驳回。而对于企业自身拥有的已经在市场上具有广泛知名度、认可度的商标，则需要及时发现并防范其他经营者通过申请注册近似商标从而让公众产生混淆的不正当竞争行为。一经发现，需要及时提起异议或者申请宣告无效。

第 69 问 **驰名商标就万事大吉？驰名商标跨类保护如何确定保护边界？**

课程音频

本文作者　石红阳、石沁蕊

虽然驰名商标有法律的特殊保护，但成为驰名商标也并不意味着万事大吉。首先，驰名商标的风险在于淡化，驰名商标淡化的原因无非有两个：一是自身使用不当，商标使用不规范，使显著性大大降低，即自身行为带来的风险；同时，作为驰名商标，公众对其要求更高，品牌名誉更为重要。二是存在大量的模仿商标，即商标的淡化式侵权，而企业又没有采取有效的措施维护，造成驰名商标被弱化，通俗来说就是会降低消费者对于商品和商标之间的联系意识。虽然《商标法》规定了对于驰名商标的跨类保护，跨类保护决定了其保护范围的标准已经不再是排除"混淆的可能性"。驰名商标跨类保护是否包含了所有领域，现行法律对此没有明确的界定。但从立法本意来讲，对跨类保护边界的确定应有所限制，适度保护，保护范围应与其显著性和知名度相适应。

以案说法

1. 酒鬼酒股份有限公司（以下简称酒鬼酒公司）于 1996 年注册"酒鬼 JIUGUI 及图"商标，类别为第 33 类"含酒精饮料"。四川省某兴食品产业有限公司（以下简称某兴公司）于 2010 年申请注册"酒鬼"商标，类别为第 29 类"加工过的花生、精制坚果仁、蛋类。"酒鬼酒公司认为白酒与加工过的花生存在较强关联性，某兴公司是恶意注册该商标，意在误导。本案中，虽然根据酒鬼酒公司提供的证据，可以认定其商标已经构成驰名商标，但仍需综合以下几点考虑。

首先，关于引证商标的显著性和知名程度。"酒鬼"为汉语中固有词汇，并非酒鬼酒公司原创，将其使用在"含酒精饮料"或"加工过的花生"上，其固有含义均在一定程度上发挥了对商品内容或品质的暗示作用。尽管引证商标一已经构成驰名商标，但对其保护理应受到相应的合理限制。其次，关于商标标志是否足够近似。两商标虽然均含有"酒鬼"文字，但字体均经过艺术化处理，特别是引证商标一同时还组合有围绕"酒鬼"文字和拼音的图形，两商标设计风格及整体视觉效果上存在一定差异。再次，关于指定使用的商品情况。引证商标一指定使用的第 33 类"含酒精饮料"商品与诉争商标指定使用的第 29 类"加工过的花生、精制坚果仁、蛋类"商品，在功能、用途、生产渠道上差异较大，尽管两商标指定使用的商品有一定的联系，但整体上相距较远。最后，关于相关公众的注意程度。根据原审法院查明事实，诉争商标与引证商标一在各自市场中已经存在多年，经过各自的持续使用和宣传，均已获得了相关消费者的认可。综上，诉争商标的注册并未违反 2001 年修正的《商标法》第 13 条第 2 款规定。

2. 内蒙古小肥羊早在 2004 年就被认定为驰名商标，之后逐一击败了其他"小肥羊"商标使用者。2010 年内蒙古小肥羊又在北京市高院完胜内蒙古某科贸有限公司，使得该公司的"小肥羊"调味品类商标被撤销。该案件中的"小肥羊"商标，一个属于第 30 类（调味品类），一个属于第 43 类（提供食物和引领服务），彼此之间的关联性就显得尤为重要。由于小肥羊的核心竞争力之一就是其独特的火锅底料，所以最终法院还是支持了内蒙古小肥羊的跨类保护。但是反观 2011 年小肥羊的诉讼案件，情况又有了很大的不同。法院就驳回了内蒙古小肥羊对西安小肥羊的起诉，原因是西安小肥羊的服务内容是推销，而内蒙古小肥羊则主营餐厅服务，二者的行业跨度较大，区别比较明显。

律师建议

维护驰名商标的显著性应首先应该进行广泛、持续地宣传，如在商品上放大商标字样；增加品牌含金量，升值企业的无形资产；增强驰名商标与企业的黏度。

做好跨类保护。驰名商标认定的机构不同其跨类保护的边界也有所差异。首先在实际执行中，国家知识产权局认定的驰名商标，得到的跨类保护比较多。因此企业应尽量向国家知识产权局申请认定驰名商标。同时企业在申请注册商标时，应当先行检索查询是否存在相似的已注册驰名商标，避免商标注册被提出异议或者无效申请。对于企业商标已经为公众所熟知并具有相当知名度的，应当视情况申请注册跨类防御商标（所谓防御性商标就是企业将已注册的商标覆盖更多商品或服务，或把与自己的商标图案、文字形似音近的都作为联合商标注册），防止出现其他企业攀附知名度甚至恶意竞争的情况。

当发现驰名商标侵权及时采取有效措施。例如，提出异议、申请撤销、发律师函或者向法院提出诉讼，要求停止侵权、赔礼道歉、赔偿损失等，以防止驰名商标被长期侵权导致驰名性的弱化。

第70问 企业简称受到法律保护吗？企业名称与他人注册商标相同应该如何处理？

课程音频

本文作者　林　杨

解　答

　　企业简称受法律保护。根据《商标法》第57条的规定，未经商标注册人的许可，在同一种商品上使用与其注册商标近似的商标，或者在类似商品上使用与其注册商标相同或者近似的商标，容易导致混淆的，属于侵犯注册商标专用权的行为。经过长期使用和广泛宣传，能使相关公众对于企业简称与该企业之间产生固定联系，具有识别性的企业简称，可以作为《反不正当竞争法》第5条中的"企业名称"予以保护。

以案说法

　　某检集团成立于1987年12月，其经营范围包括进出口商品委托检验鉴定业务、认证、认证培训、仪器设备的计量校准业务，以及从事本行业与对外贸易有关的其他公证鉴定及咨询业务等。自成立之后至2012年，某检集团及其下属企业已经遍布全国各地，横跨多类产品的检验、认证、测试服务体系，且大量使用"某检"或"某检集团"作为其企业名称。自2010年以来，媒体的各类报道中，均曾以"某检"或"某检集团"来称谓某检集团。某检集团先后在第42类服务中注册第3734497号"某中检集团"商标、第

7594942 号"某检"商标，并授权其子公司使用。某检联合公司成立于2005年，其原企业名称为"河南省某质量信用评价有限公司"，于2015年5月8日经国家工商行政管理总局核准，变更为现企业名称，经营范围包括各类企业鉴证咨询业务。某检联合公司网站均有图形与"某检联合"组成的标识，网页上半部分为滚动公告栏，其中一栏显示"以中国检验认证集团的技术支持、网络优势、业务指导为核心"。某检联合公司在微信注册了名为"某检联合信用评级有限公司"的公众号，该公众号的标识与某检联合公司的网站标识相同。某检集团认为，某检联合公司未经许可，在其官方网站及微信公众号中大量使用"某检联合"商标标识，且其提供的服务与某检集团的注册商标核定服务类别相同极易导致公众混淆误认，侵犯了其注册商标专用权。同时，某检联合公司于2015年变更企业名称，将某检集团具有极高知名度的企业名称简称和注册商标"某检"作为其企业字号使用，误导公众，构成了不正当竞争行为。某检集团向法院起诉，请求判令某检联合公司立即停止侵犯"某检"注册商标专用权的行为，并立即停止使用某检集团企业名称的不正当竞争行为。

法院经审理认为：

第一，关于某检联合公司是否侵害某检集团的注册商标专用权的问题。

根据《商标法》第57条的规定，未经商标注册人的许可，在同一种商品上使用与其注册商标近似的商标，或者在类似商品上使用与其注册商标相同或者近似的商标，容易导致混淆的，属于侵犯注册商标专用权的行为。本案中，其一，某检联合公司在其网站、微信公众号中多处使用图形与"某检联合"组成的标识来指代该公司，起到了区分服务来源的作用，属于商标性使用。其二，某检联合公司的服务范围与某检集团涉案商标核定使用的服务内容密切相关。其三，某检联合公司使用的"某检联合"与图形组合标识，与某检集团的"某检""某检集团"的主要识别部分完全相同，构成近似商标，二者共存于相同或类似的服务之上，容易使相关公众对其服务的来源产生混淆，侵害了某检集团的商标专用权。其四，在未经某检集团允许的情况下，某检联合公司将与某检集团涉案商标"某检联合"标识使用在其官方网站和微信公众号中，能够证明某检联合公司具有不正当地攀附某检集团涉案商标声誉的故意，并应当知晓被诉商标侵权行为可能造成混淆的后果。综上，某检联合公司在其网站、微信公众号中多处使用图形与"某检联合"组成的标识，构成侵害某检集团注册商标专用权的行为。

第二，关于某检联合公司是否构成擅自使用他人企业名称的不正当竞争行为。《反不正当竞争法》第5条第3项规定，擅自使用他人的企业名称或者姓名，引人误认为是他人的商品的行为，属于不正当竞争行为。

律师建议

企业在经营过程中形成的具有识别性的简称，具有相应的经济利益，应予保护。为防止其他企业攀附声誉、混淆公众，企业可通过提起不正当竞争之诉或者将已经形成的较为固定的简称申请注册商标的方式维护自身合法权益。

第71问　如何做好企业知识产权布局？

课程音频

本文作者　张坤、林凡

　　企业进行知识产权布局，主要从以下三个层面着手。①企业知识产权资产管理与运营，包括但不限于知识产权的取得、许可、转让、质押、信托、分级分类管理、变更、放弃。②制定企业知识产权战略规划。根据相关政策及市场变化，及时制定、更新知识产权战略规划，内容包括但不限于竞争对手知识产权的检测，知识产权价值评估，风险评估，结合企业产品或服务、市场需求进行知识产权创造，不同知识产权类型的联合保护等。③企业知识产权人力资源开发与利用。有效开发并利用企业人力资源，具体对象包括不限于知识产权高级管理人员、知识产权工程师、信息检索人员、法务人员、外部评估机构与服务机构。④统筹商业秘密保护和利用。通过树立商业秘密保护观念，建立商业秘密档案管理制度、档案分级分类管理制度、定密及保密措施、商业秘密保护预警机制等方式，维护企业商业秘密，加强企业商业秘密的转化利用。

以案说法

某为公司发展初期，历经与某科公司的专利侵权诉讼后，深刻认识到知识产权布局在其全球扩张中的重要性，后在发展过程中，逐步实行基本专利和"跑马圈地"的知识产权战略，继而打破了某立信、某基亚、某托罗拉和某尔等知名电信设备制造商的垄断。2014 年，某为公司进入稳定发展时期。某为公司在通信设备制造领域处于领先地位，其间企业知识产权管理和保护的重要性不断凸显。鉴于此，某为公司建立了专利管理数据库，并指派人员管理知识产权，负责知识产权信息的收集和整理、分析和利用，防止侵权风险，为公司的生产决策提供科学有力的依据。

律师建议

企业涉及的知识产权类型比较多，按照知识产权类型，企业知识产权布局可分为专利布局、商标布局、版权布局等。以专利布局为例，在企业的初创起步期，主要目标是将有限的资源投入最基础、最核心的领域。在该阶段，专利布局的主要任务是通过技术分解、功能分解等方式，确定企业最基础和最关键的技术，并将主要精力放在核心技术的保护上。在企业的发展壮大期，主要目标是提高自身实力、扩大产品在市场上的覆盖范围、赶超竞争对手、提升企业市场地位。在该阶段，企业应扩大专利布局的规模，形成专利组合和初步的专利网。其中，专利组合的对象主要是热点领域的核心技术，通过组合达成有效占领市场的目的。在专利组合达到一定规模之后，企业可以针对某一核心技术构建初步的专利网，形成专利技术壁垒。在企业的成熟稳定期，企业拥有了较大的规模和较为稳定的市场地位。在该阶段，企业可以将初步的专利网升级为高阶专利网，运用专利网保护技术，采用地毯式设计或者跨领域的设计，通过全面专利布局，围绕多项技术形成坚实的专利网络。

第72问 如何申请认定为知识产权优势企业？有什么优惠政策？

课程音频

本文作者　张坤、林凡

　　知识产权优势企业，是指属于国家和本市重点发展的产业领域，能承接国家和本市重大、重点产业发展项目，具备自主知识产权能力，积极开展知识产权保护和运用，建立全面的知识产权管理制度和机制，具有知识产权综合实力的企业。当下，因各个省市发展情况各异，企业需结合各地政策及自身实际拟定申请认定方案。

　　以上海市的认定标准为例。申报国家知识产权优势企业的，应为上海市具有一定影响力、知识产权优势突出的企业；申报国家知识产权示范企业的，应为上海市培育期满3年的国家知识产权优势企业。

　　甘肃省知识产权优势企业认定条件内则有以下6个。①企业管理层高度重视知识产权工作，有一名企业领导分管知识产权工作；已设立知识产权管理机构，配备专职管理人员；能较好地利用中介机构为企业的知识产权工作服务。②知识产权投入力度较大，有明确的知识产权工作经费，有明确的知识产权发展战略以及健全的知识产权管理制度和激励机制，执行情况良好。③申报年度前三年共申请专利15件以上，其中发明专利3件以上；同时获得授权的有效专利5件以上，其中有效发明专利 1 件以上；或企业专利申请的数量和质量逐年提高，近三年专利申请量在本地区或省内同行业中领先。④符合我省产业发展方向，拥有自主知识产权，申报年度前三年保持盈利。⑤积极开展知识产权宣传培训。企业管理层及研发人员的培训率达到 80% 以上，一般员工的培训率达到 60% 以上。⑥强化知识产权保护和预警机制，能够较好保护自身知识产权，申报年度前三年无被控侵犯他人知识产权并经终审认定的行为。

律师建议

　　企业成功申报并成为知识产权优势企业后，不仅可获得政府专项资金补助，还能获得诸多隐形优势。第一，可提升企业自主创新能力和企业内部管理水平，使企业无形资产占比越来越高；第二，可提升企业外部竞争优势，增加企业软实力，较行业竞争对手更具市场优势；第三，可提升企业知识产权运用能力和水平，激励企业创造知识产权、促进技术创新、成新产品和新技术；第四，可提升企业灵活运用知识产权能力，进而提高产品附加值，改善市场竞争地位；第五，可提升企业全面保护知识产权能力，更好地防范知识产权风险，支持企业持续发展；第六，可提升企业系统管理知识产权能力，促进生产效率提高，进而提升企业核心竞争力。

第73问　**什么是企业知识产权托管？企业做知识产权托管的意义是什么？**

课程音频

本文作者　张坤、林凡

解·答

　　知识产权托管是指企业将知识产权相关事务委托给一个专门的服务机构进行管理，即企业根据管理需求，与托管服务机构签订严格保守企业商业秘密的授权托管协议，托管服务机构在授权范围内，代为管理企业知识产权相关的业务，包括咨询、申请取得、知识产权使用、知识产权转让与许可、知识产权战略、知识产权评估及质押融资使用、知识产权变现、知识产权侵权保护和维权等。

　　企业做知识产权托管的意义在于：①企业通过生产、销售自主知识产权产品，能不断提升企业形象，增强市场竞争能力，并取得一定的市场定价话语权；②企业在进行科研立项和自主研发时，通过知识产权托管机构对信息的分析，先行了解所属领域知识产权概况，以避免侵犯他人在先权利的风险；③企业利用自主知识产权可实现增资扩股、质押融资、许可使用、建立产业联盟等内容；④知识产权托管能帮助企业节约一定开支；⑤知识产权托管机构可以整合、利用所掌握的知识产权信息为企业创新提供服务；⑥企业知识产权托管可有效提高企业核心竞争力，与企业知识产权的宣传、运行有机结合后，可确保企业创新与经营发展共同顺利进行。

以案说法

山东某牛高分子材料有限公司通过山东的知识产权托管服务，实现了围绕关键核心技术申请专利 20 项、通过 PCT 途径申请欧洲及美国专利 4 项，确定了符合技术特征及企业文化的商标名称，针对主业及关联产业共计 11 个类别，先后申请国内中文及英文商标 22 件。多效并举，确保品牌资产不流失，让知识产权全面融入企业高质量发展，为企业创新腾飞助力赋能。

律师建议

企业的发展阶段不同，对知识产权托管的需求也不尽相同。知识产权的托管方案可按照以下三点进行部署。第一，有效保护。托管机构诊断企业知识产权现状，并提供针对性解决方案，后从结果角度对企业知识产权进行有效的补充和完善，以实现企业有效保护自身知识产权、避免企业陷入知识产权风险的目标。第二，有序发展。托管机构从企业的有序发展角度，围绕各类知识产权布局、企业风险防范和扫描等内容，向企业提供优化、全面的解决方案，帮助企业建立有效的知识产权运作机制，进而提升企业的知识产权保护工作的水平，为企业的长期有序发展奠定基础。第三，竞争优势。托管机构从获取知识产权竞争优势的角度，向企业提供一揽子的解决方案，形成可攻可守的知识产权竞争态势，并在商业竞争中占据有利位置，为企业实现整体战略奠定良好基础。

第74问　知识产权质押融资如何助企发展？
申请流程是怎样的？

本文作者　龚志立

课程音频

解　答

　　知识产权质押融资是指企业以国家授权合法持有的专利权、著作权、商标权中的财产权经过评估后，作为质押物从银行获得贷款的一种融资方式。知识产权质押融资能有效帮助中小型企业解决资金难题，扩展知识产权对企业的影响力，提升企业的核心竞争力。

　　轻资产、缺乏担保物不仅是中小型企业的显著特点，也是中小型企业融资困难处境持续存在的主要原因，而知识产权质押融资恰恰是一种能够实现"知产"向"资产"转变的创新型融资模式，可以极大程度地帮助科技型中小型企业完成知识产权价值转化。相关数据显示，2021年，全国专利商标质押融资额达到 3098 亿元，连续两年保持 40% 以上的增速。2022 年上半年面对较大经济下行压力，全国专利商标质押融资额依然达到了 1626.5 亿元，同比增长 51.5%。其中，1000 万元以下的普惠项目达 7345 项，同比增长 112%，有效缓解了一批中小型企业的燃眉之急。

　　知识产权质押融资的申请流程一般有如下六步。

　　步骤一：企业向银行或贷款服务中心提交知识产权质押贷款书面

申请。

提交申请时，商标注册人应持有"商标注册证"；专利权人应持有"专利证书"，还包括登记申请表、申请人合法有效的身份证明等。委托办理的，应提供委托手续及被授权人身份证明；权利共有的，应提供经共有人同意的证明材料；权利在出质前已授权他人使用的，提交授权证明文件，以及其他申请单位需要提供的材料。

步骤二：由专业评估机构对企业知识产权价值进行评估。

质押物通常是商标权、专利权或者版权，其自身都具备一定的价值，不过也受到企业业绩、市场占有份额等因素影响，需要专业机构对其当下价值做出合理客观的评估，为质押类业务提供价值参考。

步骤三：银行对企业提交的资料及商标专用权评估结果进行审核。

步骤四：审核通过后，双方签订借款合同、商标专用权质押合同（或者专利权质押合同）。

双方签订的质押登记合同应当包括：出质人、质权人的姓名（名称）及住址，被担保的债权种类、数额，债务人履行债务的期限，出质物清单，担保范围，当事人约定的其他事项。

步骤五：办理知识产权质押登记手续。

根据国家商标局和知识产权局的规定，知识产权质押贷款合同签订后，双方应持相关证件到知识产权管理部门办理质押权登记。目前，国家知识产权局不断优化流程，力争在1个工作日内完成知识产权质押电子化登记。

步骤六：执行借款合同。

取得知识产权质押登记证书后，金融机构可按照双方签订的贷款合同给借贷方放款。

以案说法

为了有效帮助企业进一步拓宽融资渠道，2019 年，重庆科技要素交易中心、重庆商标交易中心在重庆市知识产权局的指导帮助下，与各大银行等金融机构以及资产评估公司达成合作，并通过举办知识产权质押融资培训、银企对接会等形式，帮助科技型中小微企业了解质押融资运作过程。

2020 年 1 月，重庆市某源禽蛋食品有限公司在重庆商标交易中心协助下，使用"石丫"等 11 个商标，成功从重庆光大银行获得知识产权质押贷款 600 万元，这是 2020 年重庆市首家通过商标权质押获得贷款的企业。另外重庆科技要素交易中心、重庆商标交易中心已协助重庆某升食品饮料有限公司以商标加动产的方式获得银行 800 万预授信额度。

律师建议

企业在进行知识产权质押融资的过程中有一些值得关注的要点。以专利权质押登记为例。

第一，专利权质押合同执行完毕，应及时办理专利权质押登记解除。如果是续贷，需重新办理专利权质押登记手续。

第二，专利权质押期间的年费缴纳一定及时，否则可能造成专利权失效，从而影响质押合同的执行。

第三，外国企业或外国其他组织应当提交当地的注册证明，注册证明是复印件的应当经公证机构公证。

第75问 知识产权证券化有何意义？有哪些产品构建模式？

课程音频

本文作者 张坤、林凡

解·答

知识产权证券化是指发起机构将其拥有的知识产权或其衍生债权，移转到特设载体，再由此特设载体以该等资产做担保，经过重新包装、信用评价等，以及信用增强后发行在市场上可流通的证券，借以为发起机构进行融资的金融操作。知识产权证券化对于建设多层次金融市场、发展自主知识产权具有重要意义：①能促进高新技术转化，提高自主创新能力；②能充分发挥知识产权的杠杆融资作用，最大限度地挖掘知识产权的经济价值；③能降低综合融资成本；④能分散知识产权所有者的风险。

以案说法

奇艺世纪知识产权证券化项目是我国首单知识产权供应链金融资产支持专项计划，其交易结构为：1. 供应商 / 债权人因向核心债务人（奇艺世纪）提供境内货物买卖 / 服务贸易或知识产权服务等而对核心债务人享有应收账款债权。2. 原始权益人与供应商 / 债权人签订保理合同，保理公司根据债权人的委托，就债权人对奇艺世纪享有的应收账款债权提供保理服务，并受让该等的应收账款债权。经债权人同意，该等债权可由原始权益人转让予专项计划。3. 管理人通过设立专项计划向资产支持证券投资者募集资金，与原始权益人签订基础资产买卖协议并运用专项计划募集资金购买原始权益人从债权人受让的前述应收账款债权，同时代表专项计划按照专项计划文件的约定对专项计划资产进行管理、运用和处分。4. 管理人与资产服务机构签订服务协议，委托原始权益人作为资产服务机构，为专项计划提供基础资产管理服务，包括但不限于基础资产筛选、基础资产文件保管、基础资产池监控、基础资产债权清收、配合基础资产回收资金归集等。5. 管理人与招商银行北京分行签订托管协议，聘请招商银行北京分行作为专项计划的托管人，在托管人开立专项计划账户，对专项计划资金进行保管。6. 管理人在购买日向托管人发出付款指令，指示托管人将基础资产购买价款划转至原始权益人指定的收款账户，托管人应根据基础资产买卖协议、托管协议的约定对管理人下达的付款指令中资金的用途及金额进行核对并于购买日予以划转，用于基础资产的购买。专项计划设立后，资产支持证券将在中证登上海分公司登记和托管。专项计划存续期内，资产支持证券将在上交所固定收益证券综合电子平台进行转让和交易。7. 债务人到期按时偿还到期应付款项后，管理人根据计划说明书、标准条款、托管协议及相关文件的约定，向托管人发出分配指令；托管人根据管理人发出的分配指令，将相应资金划拨至登记托管机构的指定账户用于支付资产支持证券本金和预期收益；差额支付人对专项计划资金不足以支付优先级资产支持证券预期收益和／或本金的差额部分承担补足义务。

律师建议

知识产权证券化为拥有知识产权的中小企业破解融资难题提供了全新的方案。企业通过知识产权证券化，可以将流动性较低的知识产权转化成流动性较高的证券商品，以较低成本获取资金，避免了股权稀释，进而保有产权自主性。如果企业掌握核心知识产权，又面临资金缺乏、融资不畅的情形，可以根据企业具体情况，采取不同的模式实现知识产权证券化。

第 76 问   拟 IPO 企业的共有知识产权有哪些审查要点，应当如何应对？

课程音频

本文作者　李经洋

解 · 答

拟 IPO 企业共有知识产权的产生主要原因有三个：①共同研究或者合作开发；②当事人的约定，如委托开发协议或者单位与发明人或设计人共同享有专利权的约定；③部分权利受让。发行人可通过披露共有专利权的产生背景、原因以论证共有专利权的来源合法合规。因此，对其审查要点主要包括：①共有知识产权的行使是否存在限制；②对其他共有知识产权的主体是否存在依赖；③其核心技术是否对共有知识产权存在依赖；④是否存在他方使用共有知识产权研发或生产发行人竞争产品的风险；⑤共有知识产权是否存在潜在的权属纠纷。

以案说法

关于共有专利权的行使是否存在限制，某软科技公司反馈：共有专利的产生背景，发行人和共有专利方就专利使用的约定，发行人使用或者对外授权是否受到限制，共有方是否具有适用或对外授权使用共有专利的权利，上述专利使用是否存在纠纷或者潜在纠纷；共有专利主要内容，是否涉及发行人核心技术，对发行人业务是否构成重大不利影响及依据；报告期内发行人合作研发的具体情况、项目合作方式、合作研发费用支付方式、研发成果所有权归属及未来收益分享情况；发行人与其他方共同拥有专利的形成背景以及对发行人独立性的影响。

关于其核心技术是否对共有专利存在依赖，某盾量子公司反馈：公司共有专利相关的产品报告期内的销售金额及占比，该等专利对发行人生产经营的重要程度；报告期内各共有权人使用或许可他人使用上述专利的具体情况，包括许可时间、被许可方的基本情况、许可收费、与发行人的收益分成等。

关于是否存在他方使用共有专利研发或生产发行人竞争产品的风险（是否存在相关权益及利益分配的约定，是否存在潜在纠纷），某瑞医药公司第一次反馈：招股说明书披露，发行人与某大天晴、某达医药等公司共有专利13项。其中，发行人已将12项专利权及所对应的生产技术独家转让于某大天晴或其全资子公司连云港某众，并由受让方以支付技术转让费和上市后销售提成的方式付费。问及发行人与其他方关于共有专利的具体安排，包括但不限于双方的权利义务、相关专利权的使用和利益分配等；发行人核心技术与相关专利是否受到妥善保护，是否存在纠纷。

律师建议

若企业欲成功上市，应当重点关注对其重要的知识产权是否能够长期稳定使用并以此获得可预见盈利及市场份额。具体需要注意以下几个方面的问题。

第一，尽量避免与他方共有专利权。如共有专利涉及核心技术，对企业生产经营影响较大，企业应通过商业谈判途径获得共有专利权的全部权属。

第二，若发行人无法通过商业谈判的途径获得共有专利权的全部权属，则可以通过合同约定由发行人享有该共有专利的独占实施权并承担专利权维持及专利权保护义务，其他共有专利权人享有合理的经济补偿。

第三，若发行人既无法取得共有专利权的全部权属，又不能通过签订独占实施许可协议享有共有专利的独占实施权，则应当通过补充协议的方式约定共有专利权的实施、许可实施、处分、维持及保护的具体措施，以确保发行人共有部分权利的完整性及确定性。

第四，应尽量与共有方约定共有专利的实施、许可实施、处分、维持及保护的具体安排。

第五，核查共有专利对发行人收入和毛利贡献占比，以确认共有专利是否为发行人的核心专利和技术，共有专利的权利限制是否会对发行人生产经营产生重大不利影响。

第六，对于共有专利是否存在纠纷或者潜在纠纷，发行人可取得各共有方相应的声明与承诺进行确认以消除风险。

第 77 问　我国知识产权保险险种有哪些？存在什么问题？

课程音频

本文作者　张凯翔

　　知识产权保险指在专利研发、申请、实施、转让、使用及诉讼等阶段，针对损害知识产权的行为而提供保险保障。按照补偿范围进行分类，我国知识产权保险大致可分为费用补偿类、侵权损失类、侵权责任类、融资担保类四类。其中，费用补偿类的保险产品主要有专利执行保险、专利申请费用补偿保险、专利授权金保险、专利代理人职业责任保险、境外展会专利纠纷法律费用保险；侵权损失类的保险产品主要系专利被侵权损失保险；侵权责任类的保险产品主要有专利侵权责任保险、海外知识产权侵权责任保险；融资担保类的保险产品主要有专利许可信用保险、专利质押融资保证保险。

　　我国知识产权保险经过不断摸索，通过试点城市示范效应，形成了一些可以复制的模式和产品，但受政策环境等因素的影响，在未来发展过程中仍面临相当的挑战，主要集中于：

　　①从投保人角度，相比发达国家，国内企业尤其是科技型中小企业参保率不高。

　　②从保险公司角度，保险产品类别、专业人才及运作模式尚存在

不足。

　　③从政策环境看，适合我国国情的知识产权保险政策体系有待进一步完善。

　　④从专业服务机构看，国外提供知识产权保险服务的机构往往还提供知识产权许可谈判、纠纷解决等配套服务，才能够把保险收益和企业风险降到最低，国内目前还缺乏这样同时提供金融和知识产权法律服务的专业机构，我国的专业评估机构及评估体系有待进一步完善和建立。

以案说法

　　A 公司针对自身的专利投保了专利被侵权损失保险，后该专利受 B 公司侵犯导致 A 公司产生经济损失，针对该损失 A 公司向保险公司索赔因此产生的直接经济损失。通过购买相应类型的知识产权保险，降低权利人维权成本，提升其维权积极性。

律师建议

　　近年来，我国科技型中小企业拥有的知识产权数量增多。知识产权保险作为一种有效的风险分担和损失补偿工具，对助力中小企业发展有着重要作用。基于当前的挑战，充分发挥政府、保险机构引导支持作用，有助于提高中小企业知识产权保险参保率。同时，开发适合我国国情的知识产权保险产品体系，根据行业的特性差异化设计与之契合的知识产权保险种类，切实满足各类企业的需求势在必行。

在共有知识产权的情况下，双方可以对权利行使做哪些约定？

课程音频

本文作者　胡朋、吴潇

　　在共有知识产权的情况下，双方可以对权利行使做如下约定：①份额，如资本方享有50%份额、研发方享有50%份额、资本方在获得200%收益后自动将份额转让于研发方等。②申请，如谁负责专利和商标的申请工作、谁承担申请费用等。③维护，如谁负责知识产权的维护工作、谁承担维护费用等。④维权，如谁负责知识产权维权工作、谁承担维权费用等。⑤使用与收益，如谁负责知识产权的许可使用、谁决定许可使用的具体事项、许可使用产生的收益如何分配等。⑥转让与退出，如权利人如何转让份额、其他权利人如何行使优先购买权、权利人转让份额如何退出等。⑦保密与违约，如采取何种保密措施、是否签署保密协议、违反保密义务后应承担何种违约责任。

以案说法

　　北京某泉公司起诉深圳某美公司称，北京某泉公司经授权独家享有《某笑》等32首音乐作品的曲著作权，深圳某美公司未经许可通过其所有并运营的客户端软件向用户在线提供上述音乐作品的视频点播、下载服务，侵害了北京某泉公司对上述作品享有的信息网络传播权，给北京某泉公司造成了重大经济损失，故要求深圳某美公司立即停止侵权、赔偿其经济损失及合理费用。法院认为在共有知识产权的情况下，部分合作作者在将作品授权他人使用时首先应当与其他合作作者进行协商，否则可能会构成对其他合作作者著作权的侵害，但鉴于无论是否协商成功均不影响对被授权人的授权，故即便部分合作作者未与其他合作作者进行协商，可能构成对其他合作作者的侵权，也不会影响其与被授权人所签订的许可使用合同的法律效力，不会影响到对被授权人的授权。法院最终判令深圳某美公司立即停止侵权并赔偿北京某泉公司经济损失及合理费用。

律师建议

在共有知识产权的情况下，双方可以对权利行使做出许多方面的约定。在司法实践中产生较多争议的则是许可使用及利益分配方面，因此需要在此方面做出较为详尽的约定。首先，著作权方面。对于不可分割使用的合作作品，共有人应当分别就共有人自行使用、许可他人专有使用以及许可他人非专有使用等情形约定著作权共有人是否需要向其他共有人分配收益以及分配利益的比例。其次，注册商标专用权方面。鉴于《商标法》未明确规定，共有人可在权力行使方面约定由共有人协商一致行使，当不能协商一致时，任何一方共有人无正当理由不得阻止其他共有人以普通许可的方式许可他人使用该商标，共有人亦可在利益分配方面约定部分共有人单独实施共有专利所得利益无需在共有人之间进行分配。最后，专利权方面。共有人可约定部分共有人单独实施共有专利或以普通许可的方式许可他人实施专利无需取得全体共有人的同意；但许可他人实施专利时收取的使用费应当在共有人之间进行分配。除此以外，共有人的权利行使行为均需取得全体共有人的同意。

第 79 问 对外合作时，如何防止
"黑寡妇战略"？

课程音频

本文作者　龚志立

　　"黑寡妇"是一种交配后会吃掉雄性的雌性毒蜘蛛。任正非在2010年提出，希望华为不要做"黑寡妇"，要开放、合作，实现共赢，多把困难留给自己，多把利益让给别人。为防止"黑寡妇战略"，对外合作时，企业可以重点关注以下方面。

　　①从成长性方面，在短期内公司的员工数量越来越多，规模越来越大，说明该企业的成长性较好。

　　②从知识产权方面，商标、专利、著作权、资质认证等方面的数量情况，是企业专业能力的重要标志。

　　③从企业规模方面，在行业内属于大型企业，还是中小型企业、小微企业，能够帮助业方评估投资回报等。

　　④从风险状况方面，是否存在违规、违法等现象，或商业运作中是否存在司法风险，有利于评估企业的风险情况。

　　⑤从经营质量方面，经营状况好坏，或是有利的投资／合作机会值得关注，对于规避风险、评估潜力有一定参考性。

　　⑥从资本背景方面，有没有知名投资公司投资该企业，能说明该企业在行业中是否受重视，是否被资本市场看好。

以案说法

某为公司在扩张阶段由于管理方面的不完善，对部门行为没有进行全面约束，导致一些部门在对待没有思路的新产品时，会以招标的名义，将一些比较优秀的小公司聚集到一起进行沟通，并从中获取思路和经验。虽以招标的名义召集了大量小公司，但某为获得了好的思路之后，就再无招标的后续音讯了。长此以往，小公司有了戒心，导致某为的合作伙伴在与其交流时总是有所保留，使某为失去了很多本可以合作的优秀伙伴，影响了某为在业界的良好口碑。

某为老板发现这个情况后，经过思考和调研，决定引入"黑寡妇"理念，倡导某为与合作伙伴共赢，充分发扬开放、合作的精神，形成多赢的局面，让某为真正实现可持续性的发展，向更大、更强的方向拓展。后某为专门召开了针对性的会议，某为老板在会议，指定了企业业务坚持"被集成"的战略方向，是其对之前"某为不再做'黑寡妇'"言论的具体诠释。自此，某为公司才找到业务发展的正确方向。

律师建议

在海外版权投资中，最常见的交易模式是版权许可，个别情况下也存在版权转让。转让和许可的根本区别在于所有权是否发生转移。另外一种交易模式是中外两方或多方相互借助对方的资本力量或者内容创造力，进行联合开发。

根据许可人保留权利的范围，海外版权许可模式可分为以下三种模式：

其一，普通许可，即被许可人、权利人可以行使被许可权利，且权利人还可以许可第三方行使同样的被许可权利。该模式下，被许可人无法独立行使打击盗版的权利。当严格划分不同普通被许可人之间的权利界限，避免出现混乱甚至相互矛盾的维权局面。

其二，排他许可，即只有被许可人、权利人可以行使被许可权利。权利人不可将被许可权利再许可给第三方。适合权利人希望保留在海外市场自行开展业务的权利时。

其三，独占许可，即被许可人独自占有的许可权利，其他任何人均不得使用许可权利，包括权利人自身。独占许可给予被许可人的权利最多，通常许可费也更高。权利人无意在海外市场自行开展业务时，可以利用独占许可的方式交由被许可人独立运营。

海外版权转让是将部分或者全部版权的所有权转移。在大多数国家包括中国，仅财产权利可以转让，精神权利不可转让。但是也有一些国家将精神权利与财产权利等同。还有部分国家仅允许通过继承的方式转让版权，但是禁止其他任何形式的版权转让，无论是财产权利还是精神权利。在进行海外版权转让交易时，应当充分了解当地法律对于版权转让是否存在任何限制。

此外，还有海外版权联合开发模式。海外市场需要中国资本，而中国资本需要海外的内容创作力提高资本回报。双方的权利义务以及版权归属应当通过合同详细地约定和规制。

第 80 问　基于后续开发成果类型，合作双方可以对其归属作哪些约定？

课程音频

本文作者　龚志立

解 答

后续开发，是指以现有技术为基础，进行优化、组合、改进、完善以及开发相关配套的产品或技术等活动。任何产品或技术，在诞生之后，由于技术缺陷、市场需求等，必然需要不断地进行后续开发。在市场竞争环境下，原始创新的产品或技术在推向市场应用并取得相应成果时，也必然引起相应的竞争对手对其进行后续开发。

《民法典》第 875 条规定了后续技术成果分享的原则，即互利原则，还规定了当事人可以在技术转让合同中约定后续成果的分享办法。这是技术转让合同当事人的合法权利，也是避免在技术转让合同实施过程中对后续技术成果分享发生纠纷的必要措施。基于后续开发成果类型的不同，合作双方可以对其归属作出不同的约定。

①深入类技术开发成果。例如，降低某种药物的副作用、提高手机照相技术精度等，这种后续开发主要基于对主技术的补充、更新和提升，所以后续开发方往往会尊重主技术的归属方，更看重的市场收益。

②拓宽类技术开发成果。例如，小檗碱原用于消化道疾病。后来又用于治疗糖尿病，将现有技术由已知的应用领域延伸至新的应用领域，

后续开发方更加要求新开发的知识产权归自己，双方更加清楚约定权利边界。

③配套类技术开发成果。配套类技术开发，即围绕主技术，发展与之配套的技术，以达到提升产业价值，支持产业应用等目标。这类则通常更为复杂，要看产业技术应用目的来适配更个性化的条款，此时多数时候也是以一套组合拳出击，不仅仅局限于前述所言。

以案说法

在我国的激光科学技术领域，上海光机所稳坐"头把交椅"这一点，几乎是毋庸置疑的。被誉为"小太阳"的"神光"装置、随"嫦娥"卫星登月的空间激光、超强超短激光场，都在那里诞生。

2013 年 3 月，上海光机所与南京经济技术开发区共建南京先进激光技术研究院（以下简称研究院）。上海光机所的一个课题组曾研发一套激光雷达测风系统，研究院了解到风能公司对这一技术有需求，便以 300 万元的价格从上海光机所买断了这一技术，在南京组建了"二次开发"科研团队，根据市场需求对实验室的激光雷达进行产业化研制。花了一年多时间，研究院研发出"多普勒激光测风雷达"，可实现从几十米到数千米范围内风速、风向、切变、湍流等风场信息的实时测量，在风电、民航、气象、军事等领域具有广阔的市场空间，产品具有较高的技术壁垒，达到了国际先进水平。

在本案例中，研究院就与上海光机所约定，后续开发成果"多普勒激光测风雷达"属于研究院所有。"多普勒激光测风雷达"推出市场两年多，销售额就达到近 3 亿元。

律师建议

收购专利权后委托卖方进行后续开发是科技成果后续开发的常见模式。在此种模式下，双方应就后续开发单独订立一份书面合同，因为卖方将专利权转让给买方与买方委托卖方进行技术开发并没有逻辑上的必然联系，二者也不是同一法律关系。

委托卖方进行后续开发的合同必须对后续开发所形成的专利的申请权和该专利的实施权作出明确约定。如果委托后续开发合同中没有约定，则开发所形成的专利的申请权归属于开发方，即归卖方所有，买方仅享有免费实施该专利的权利和优先受偿权。

除了通常条款以外，合同还应当对交付后续开发全部技术资料和告知全部技术秘密、开发费用的支付方式、开发周期的限制、开发人员的保密责任、开发失败相应问题的处理等问题作出约定。

第81问　软件著作权的内容与常见的法律风险有哪些？

课程音频

本文作者　张雪婷

　　根据《著作权法》"保护表达，不保护思想"的基本理念，软件著作权的主要保护对象限于计算机程序（如源代码）及其有关文档（如程序设计说明书、用户手册等），不包括软件的设计思路、操作流程等。软件开发企业应特别防范以下几点风险：首先，权属约定是否不明，尤其是是否存在职务作品无法有效监管和权属界定不清的问题；其次，软件著作权保障方式是否单一，仅依赖著作权而无法获得全方位保护；最后，是否谨慎使用第三方程序（含开源软件），以防范隐性侵权。

以案说法

　　深圳市公立医院管理中心（以下简称医管中心）与某享公司签订协议，委托其开发"健康易"服务平台软件，由于对软件本身的著作权归属双方无明确约定，随即就著作权归属产生纠纷。一审法院认为，"健康易"软件上有"深圳市公立医院管理中心"署名，且该处署名时间最早、位置在软件本身上，且为某享公司所做的署名，可以证明某享公司和医管中心用事实行为达成了软件著作权归属约定，故"健康易"软件著作权归医管中心所有。二审法院认为，对涉案软件著作权归属是否通过事实行为进行变更的推定应当符合逻辑和日常生活常理。本案中，双方未书面约定权属问题，在《著作权法》第 17 条和《软件保护条例》第 11 条已有明确规定的情况下，双方在合同签订之时均能预见该软件权属于受托人某享公司。且根据双方协议，涉案软件受医管中心的委托开发，而开发涉案软件的费用以及软件上线后的运营、推广、维护成本均由某享公司负担，医管中心并不对某享公司的义务直接支付对价，在此情况下，如果要推定双方在实际履行过程中变更了著作权归属应该慎重。最终，二审法院确认"健康易"软件著作权归某享公司所有。"健康易"服务平台软件是基于委托而创作的作品，性质上属于委托作品。委托作品的著作权归属一般由委托人和受托人通过合同约定；合同未明确约定的，著作权属于受托人即作者。并且根据《最高人民法院关于审理著作权民事纠纷案件适用法律若干问题的解释》第 12 条，医管中心虽然不是著作权人，但可以在委托范围内免费使用"健康易"服务平台软件。

律师建议

在委托开发、合作开发，或者授权使用过程中应当明确著作权权属，尤其是职务作品的权属界定，通过计划开发、任务分配等方式，锁定企业员工作品的归属；同时，综合利用版权、专利、商标等多种登记方式，完善权利保护体系，将符合多项知识产权登记条件的作品，进行叠加登记，最大限度地保障权利；还要完善自身许可手续，谨慎使用第三方程序，避免被"釜底抽薪"。

第 82 问　著作权的保护期从何时开始计算？ 超过保护期的作品如何继续得到保护？

本文作者　石红阳、石沁蕊

课程音频

解·答

　　作者的署名权、修改权、保护作品完整权等人身权的保护期不受限制。自然人的作品，其发表权和《著作权法》规定的 13 项财产权的保护期限为作者终身及死亡后第 50 年，截止于作者死亡后第 50 年的 12 月 31 日；如果是合作作品，截止于最后死亡的作者死亡后第 50 年的 12 月 31 日。法人或者其他组织的作品、著作权（署名权除外）由法人或者非法人组织享有的职务作品，其发表权的保护期为 50 年，截止于作品创作完成后第 50 年的 12 月 31 日；《著作权法》规定的 13 项财产权的保护期为 50 年，截止于作品首次发表后第 50 年的 12 月 31 日，但作品自创作完成后 50 年内未发表的，《著作权法》不再保护。视听作品，其发表权的保护期为 50 年，截止于作品创作完成后第 50 年的 12 月 31 日；《著作权法》规定的 13 项财产权的保护期为 50 年，截止于作品首次发表后第 50 年的 12 月 31 日，但作品自创作完成后 50 年内未发表的，著作权法不再保护。

　　无论权利保护的期限有多久，作品最终都会进入公共领域。这对于公众而言是个好消息，但是对于创作者和公司而言，则可能会造成作品商业价值的折损，所以按照《著作权法》的规定"作者的署名权、修改权、保护作品完整权的保护期不受限制"，即如果他人不恰当地使用，构成了侵犯作品完整权，著作权人依旧可以依据此权利维护自身权益。对于艺术形象的保护，除了版权保护这一方法外，还有另一种方法即商标保护。如果形象被注册为商标，根据《商标法》其保护期限为核准注册之日起 10 年，当然，期满后商标权人可以办理续展手续，理论上只要按时续展，商标专用权可以一直存续。

以案说法

1. 所谓版权到期，即作品进入公共领域，任何人都可以不经作者许可、不向其支付报酬使用作品。比如，电视台要将老舍的《骆驼祥子》改编成电视剧本并摄制成电视剧，就无须再经过老舍后人的许可了，因为老舍先生去世已经超过 50 年，其改编权、摄制权等著作财产权均不再受《著作权法》保护了。但是需要注意的是他们作品的译本可能具有版权，因此对译本的使用需要注意版权问题。

2. 上海美术电影制片厂有限公司与武汉某金珠宝首饰有限公司（简称"某金公司"）侵害著作权、不正当竞争纠纷案中，湖北省高级人民法院认为"孙悟空"美术作品的著作财产权均已超过了《著作权法》规定的保护期，某金公司（被告）的行为不构成侵害著作权，其著作财产权已经超过了《著作权法》规定的保护期，该电影作品本身具有的价值已经消亡，公众可以通过合法途径无偿使用该电影作品。已经超过著作权保护期限的作品，即已经丧失了财产价值，即不应再通过任何方式限制他人对于该作品进行"财产性质的使用"。

 **律师建议**

　　我国目前关于著作权保护期限届满后再保护的案例并不多，针对作品在著作权保护期限届满后进入公共领域后的再保护路径有以下思路：具有商业价值的知识产权尤其是经典作品在版权保护期届满后仍具有很高的经济价值，在其无法继续获得《著作权法》保护的情况下，企业可以将作品中的特定形象和文字造型通过注册商标的方式寻求后续性保护，进一步发挥其商业价值。

第83问　视频网站经营者未及时制止和删除网络用户上传的体育赛事视频，是否构成侵权？

本文作者　陈怡良

课程音频

解　答

　　视频网站经营者未尽到合理审查和注意义务，未及时制止和删除网络用户上传的体育赛事视频的行为构成侵权，应当承担侵权责任。判断视频网站经营者是否尽到合理审查和注意义务，应当根据其经营模式、网站行为、用户、上传视频的类别、视频网站审查的成本等予以综合认定。①经营模式。若该视频网站是以提供视频（包含短视频）给用户作为网站的重要业务内容，则对于平台而言就应当对用户上传视频的权利审查施以较高的注意义务，反之则具备较低的审查和注意义务；②网站行为。若该视频网站经营者针对用户上传的视频存在审核程序或编辑操作、存在推荐行为或分类等行为，则对于平台而言就应当对用户上传视频的权利审查施以较高的注意义务，反之则具备较低的审查和注意义务；③用户。若该视频网站对用户上传视频的传播可获得经营利益，那么视频网站经营者也应当对用户上传视频的权利审查施以更高注意义务，反之则具备较低的审查和注意义务。④上传视频的类别。若被侵权的赛事视频本身属于大型知名赛事，则视频网站经营者应该有较大可能审查和注意到用户侵权行为的存在，相应就具备较高的审查和注意义务，反之则具备较低的审查和注意义务；⑤视频网站审查的成本。若要求视频网站采取预防侵权的合理措施并不会对网站平台造成技术障碍或过分增加其经营负担，则该视频网站应当采取相应预防侵权的合理措施，否则即属于未尽合理审查和注意义务。

以案说法

A 公司系国内一家知名视频播放网站 B 网站的经营者，小明系该网站注册用户，C 公司系经国际奥委会授权的中国境内唯一具备播放里约奥运会相关视频资格的主体。2016 年里约奥运会期间，小明将篮球、足球、羽毛球等多个比赛项目的视频进行剪辑，形成集锦，上传至 B 网站的"奥运会"专区，并获得了极高的点击量和播放量。C 公司发现 B 网站中的奥运会相关视频后，遂将 A 公司诉至法院，诉请法院判决 A 公司赔偿 C 公司遭受的全部损失。法院认为，虽然 A 公司辩称其就本案涉案侵权行为仅提供信息存储空间服务，并未构成侵权，视频系用户上传，应追究用户的侵权责任。但是，A 公司并未举证证明视频并非其上传，且 A 公司作为视频网站经营者，对于视频是否侵权应当承担合理的审查和注意义务，其未尽上述义务导致权利主体受损，应当承担侵权责任。

律师建议

作为视频网站经营者，首先要建立审查机制，在用户将视频上传至网站供访客浏览前，事先审查网站中用户上传的视频是否已取得合法授权，是否存在未经授权对视频进行传播的行为，若存在则拒绝用户继续上传该视频，并及时告知该用户；其次，对于热门但是未获得合法授权的赛事，在未获得权利人许可之前，不设置专门栏目，防止使用户、访客误以为网站已有合法授权，从而引发后续侵权行为；最后，若因审查疏漏导致视频已经成功上传至网站，那么在发现后应当及时将该视频下架或通知发布者删除，停止侵权，并积极采取行动，尽量降低侵权影响。

第84问　计算机软件开发者开发的计算机软件所涉的有关文档是否都具有软件著作权，是否都受法律保护？

本文作者　李经洋

课程音频

不一定。法律保护的软件著作权仅限于软件的程序和其文档，而此处的文档是指用来描述程序的内容、组成、设计、功能规格、开发情况、测试结果及使用方法的文字资料和图表等，并不包含所开发的软件输出的特定格式的文档。

以案说法

精雕公司自主开发了精雕 CNC 雕刻系统，该系统由精雕雕刻 JDPaint 软件、精雕数控系统、机械本体三大部分构成，其使用通过两台计算机相互交换数据进行。为此，精雕公司采用特定的 Eng 格式文件进行数据交换。2006年初，精雕公司发现奈凯公司开发的 NC-1000 雕铣机数控系统中的软件能够读取 JDPaint 软件输出的 Eng 格式文件，遂将奈凯公司起诉至法院，主张奈凯公司非法破译 Eng 格式的加密措施，属于故意避开或破坏精雕公司为保护软件著作权而采取的技术措施的行为，构成对精雕公司软件著作权的侵犯。

法院认为，Eng 格式文件是软件使用者输入雕刻加工信息而生成的，这些数据不属于 JDPaint 软件的著作权人精雕公司所有。因此，Eng 格式文件中包含的数据和文件格式均不是 JDPaint 软件的组成部分，不属于计算机软件著作权的保护范围。Eng 格式文件的功能在于数据交换，并不属于对 JDPaint 软件进行加密保护，对 Eng 格式文件的破解行为也不会直接造成对 JDPaint 软件的非法复制，所以精雕公司使用 Eng 格式文件的行为不构成《计算机软件保护条例》规定的"著作权人为保护其软件著作权而采取的技术措施"。软件著作权的内容是法定的，公司为了保证捆绑自己软件的机器产品有市场竞争优势，限制自己的机器只能用自己企业的软件，从而采用特定格式的文件来传输数据，这种特定格式的文件并不构成软件著作权的一部分。

律师建议

在软件开发过程中，建议采取技术手段对软件进行保护。在软件开发完成后，及时进行软件著作权登记。除著作权保护外，计算机软件符合专利法技术方案要求的也可以获得专利保护，可以通过申请专利进行保护。对于软件中涉及的技术秘密，应当采取保密措施。同时，所开发的软件涉及他人著作权或专利权的，需要获得其授权许可。

第 85 问　网络服务提供者利用 P2P 技术服务提供作品的行为是否侵权？

课程音频

本文作者　李经洋

　　在网络服务提供者提供 P2P 技术平台的情况下，用户自己未经著作权人许可上传他人享有著作权的作品时，尽到合理审查、注意义务和防止损失扩大义务的网络服务提供者是不承担侵权责任的。但若提供该 P2P 技术平台的网络服务提供者自己提供未经著作权人许可的作品，则构成侵权。虽然网络服务提供者并未在自己的服务器上存储他人享有权利的作品，但是侵犯他人信息网络传播权的认定核心在于网络服务提供者的"提供行为"，而非"提供方式"。

以案说法

　　2008 年 7 月 22 日，中央电视台向央视国际公司出具著作权声明书，将北京奥运会所有活动通过信息网络传播、广播的权利授予央视国际公司，并授权央视国际公司以自己的名义制止侵权行为。2008 年 8 月 6 日，央视国际公司发现某龙公司在其网站上实时转播中央电视台正在直播的 2008 年北京奥运会首场正式比赛。央视国际公司于当日委托公证处对某龙公司在线转播前述赛事的行为进行了取证。而后，央视国际公司向法院提起诉讼，要求某龙公司承担侵权责任。某龙公司辩称，其仅在网站上提供了 P2P 技术服务，而不存在通过自己的服务器提供赛事给互联网用户观看的直接侵权行为。法院经调查后认为，某龙公司在其网站的公告栏目列明了"VGO 直播测试频道——CCTV 奥运"，证明某龙公司知晓其软件中存在"CCTV5（直播测试频道）"并通过公告进行宣传。其次，实时转播需要较强的硬件配置和软件技术，而某龙公司具备这样的技术条件和能力。再者，某龙公司无法提供证据证明该转播行为是由网络用户提供的链接，所以法院推定某龙公司提供了侵权内容。针对北京奥运会节目及赛事的转播，国家版权局、工业和信息化部和国家广播电影电视总局联合发布《关于严禁通过互联网非法转播奥运赛事及相关活动的通知》，其中，第 1 条明确指出未经中央电视台的授权许可，其他任何互联网和移动平台等新媒体均不得擅自转播北京奥运会的赛事和其他相关活动。《最高人民法院关于审理侵害信息网络传播权民事纠纷案件适用法律若干问题的规定》第 3 条则明确了网络服务提供者未经许可，通过上传到网络服务器、设置共享文件或者利用文件分享软件等方式提供权利人的作品的，构成侵害信息网络传播权的行为。法院在审查侵害信息网络传播权的行为中关注的核心点是网络服务提供者的"提供行为"，而非"提供方式"，如果网络服务提供者在其经营管理的网络中展示、传播他人拥有权利的作品的，无论采用何种技术方式，均可能构成侵权。

律师建议

网络服务提供者在经营过程中，如果涉及使用他人拥有著作权的作品的，应当严格按照法律规定取得权利人的书面许可并支付相应的费用。如果网络用户提供链接传播作品的，应当注意审查网络用户是不是权利人，如果不是，网络服务提供者应当及时制止网络用户的行为，及时通知网络用户删除链接，从而停止侵权行为，减少损失。

盗取他人享有著作权的计算机软件代码并用于个人获利，是否会构成犯罪？

课程音频

本文作者　陈怡良

　　根据《刑法》第 217 条之规定，以营利为目的，未经著作权人许可，复制发行其文字作品、音乐、电影、电视、录像作品、计算机软件及其他作品，违法所得数额较大或者有其他严重情节的，构成侵犯著作权罪。此外，根据《最高人民法院、最高人民检察院关于办理侵犯知识产权刑事案件具体应用法律若干问题的解释》第 5 条之规定，"以营利为目的，实施《刑法》第 217 条所列侵犯著作权行为之一，违法所得数额在三万元以上的，属于'违法所得数额较大'；具有下列情形之一的，属于'有其他严重情节'，应当以侵犯著作权罪判处三年以下有期徒刑或者拘役，并处或者单处罚金：（一）非法经营数额在五万元以上的；（二）未经著作权人许可，复制发行其文字作品、音乐、电影、电视、录像作品、计算机软件及其他作品，复制品数量合计在一千张（份）以上的；（三）其他严重情节的情形"。那么盗取他人享有著作权的计算机软件代码并用于个人获利，在满足如上条件时构成犯罪。

　　相较于著作权民事侵权，要构成刑法意义上的侵犯著作权罪，需要满足四个构成要件：①行为人实施了复制、发行软件的行为；②行为人的复制、发行行为未获得权利人的合法授权；③行为人主观上有营利的目的；④违法所得数额达到追诉标准。因此，根据行为人违法所得数额，权利人可以选择民事起诉或刑事报案的途径维护自身权利。

以案说法

A 公司自主研发了一款聊天软件 B，并取得计算机软件著作权登记证书。聊天软件 B 在市场推出后因其功能完善、运行稳定的优势被大量网民使用，A 公司据此取得可观的收入。赵某原系 A 公司开发部门工作人员，在离职时将 B 软件底层代码盗走，并以该代码为基础，设计开发软件 C 并上线经营，获得利润数百万元。法院认为，赵某以营利为目的，未经著作权人许可，复制发行其计算机软件，违法所得数额巨大，其行为构成侵犯著作权罪。

律师建议

权利人若发现已享有著作权的软件或软件代码被他人盗用，可以依据不同情况分别采取民事诉讼或刑事报案的途径维权。就涉嫌构成侵犯著作权罪的行为人而言，我们建议权利人应当积极收集、保存证据，尤其是对于部分易于灭失的电子证据而言，应当尽早选择区块链、时间戳等技术手段进行证据保全，固定侵权事实；同时，尽早向公安机关报案，在立案侦查后通过国家公权力收集证据可以有效保障收集证据的及时性、完整性，比权利人自己搜集证据更为便捷，客观上降低了权利人收集证据的难度，减少了证据收集成本；最后，建议权利人充分利用《中华人民共和国刑事诉讼法》（以下简称《刑事诉讼法》）中关于刑事谅解的规定，督促行为人与权利人积极协商，主动赔偿权利人所受损失。

第 87 问　"游戏规则"属于著作权法的保护范围吗？发现"抄袭"作品应当如何维权呢？

课程音频

本文作者　张雪婷

　　《著作权法》仅保护思想的具象表达，而不延及思想本身。"游戏规则"在一般情况下被视为抽象思想而不属于著作权法的保护范围，但是如果权利人已经将"游戏规则"通过游戏说明书、角色形象、游戏界面等形式进行了具象表达，则该种表达受《著作权法》保护。游戏规则如无具体的表达形式，权利人亦可尝试援引《反不正当竞争法》的相关规定进行维权。

以案说法

　　2013 年某雪公司开发的《某石传说》卡牌游戏刚刚投放中国市场时，其游戏的规则和玩法（卡牌和套牌组合等）即被国内某公司开发的《某龙传说》"抄袭"，某雪公司认为其著作权受到侵犯且该公司的行为构成不正当竞争，随即向法院提起侵害著作权纠纷、不正当竞争纠纷两起诉讼。案件审理过程中，游戏规则是否属于《著作权法》的保护范围成为案件争议焦点之一。法院认为，"卡牌上的文字说明是用以说明卡牌在游戏中所具备的技能或功能，将其组合成一个整体，则是对游戏玩法的说明，可以视为游戏说明书而作为《著作权法》所规定的文字作品予以保护"。另外，"两款游戏在卡牌构成及使用规则、基本战斗规则上基本一致。因此，本案查明的事实足以支持原告关于被告全面抄袭了其游戏的指控……原告游戏作为一种特殊的智力创作成果，需要开发者投入大量的人力、物力、财力，凝聚了很高的商业价值。被告并未通过自己合法的智力劳动参与游戏行业竞争，而是通过不正当的抄袭手段将原告的智力成果占为己有，并且以此为推广游戏的卖点，其行为背离了平等、公平、诚实信用的原则和公认的商业道德，超出了游戏行业竞争者之间正当的借鉴和模仿，具备了不正当竞争的性质"。最终，法院援引《反不正当竞争法》第 2 条"平等、公平、诚实信用的原则和公认的商业道德"的规定，判定《某龙传说》侵权，这实质上是保护了某雪公司《某石传说》的游戏的规则和玩法。

律师建议

鉴于"游戏规则"等抽象思想无法直接获得《著作权法》保护，建议权利人通过游戏说明书、用户手册、角色形象、游戏界面、道具形象等足以构成文字作品、美术作品或视听作品的形式将其进行具象表达，并与软件一并进行登记以完善权利结构。同时，在通过《著作权法》无法进行有效救济的情况下，建议权利人积极收集侵权人虚假宣传、"抄袭"装潢要素等不正当竞争的证据，经由《反不正当竞争法》寻求保护。

第 88 问   在计算机软件委托开发合同履行过程中，受托方未在合同约定的时间内交付是否一定构成违约？

课程音频

本文作者　张雪婷

　　不一定构成违约。现实生活中一款软件的开发往往不是一蹴而就的。在软件开发过程中随着委托方需求的进一步明晰、合同双方交流的不断深入、受托方阶段性完成的具体情况、市场情势的客观变化乃至交易成本控制的考量，软件的内容和功能需要适时进行调整和改进。所以不能一刀切地认为受托方超出合同约定期限交付软件的行为一定构成违约。

以案说法

　　2016 年 7 月 27 日，某游公司（委托方）与某星辉公司（受托方）签订软件开发合同，某游公司委托某星辉公司开发一款软件，约定软件交付期限为项目启动后 60 个工作日内。合同约定了委托方负责提出软件要求，并按照合同规定按时进行软件交付后的审核和测试，受托方负责按委托方的要求开发具体软件并提供咨询及维修等权利义务。但双方未形成书面的项目功能说明书和软件开发计划，对软件的具体功能和技术要求未进行书面列明。后在履行过程中，某游公司认为某星辉公司未按要求开展工作，也未将计算机软件开发成果完全交付，且交付逾期，构成违约，故主张解除合同、退还开发款并赔偿损失。最终，最高人民法院认为某游公司多次提出修改及增加端口的要求是导致涉案合同履行超期的重要原因，综合其他多方面因素最终判决某星辉公司不构成迟延履行。《民法典》规定了合同履行中的诚信原则，要求合同双方当事人在履行合同的过程中尽到通知、协助的义务。如果双方的合同中有未明确的重要事项，则双方均应当本着诚信的原则与对方进行积极沟通协商，以便于能尽快地推进工作。如果合同双方在软件开发合同履行过程中没有明确的技术标准和要求，双方又均没有主动与对方沟通制定相关的标准和工作计划的，委托方在履行过程中又存在多次修改软件要求等情况的，则可能导致受托人的延迟交付行为最终不被认定为违约。

律师建议

作为委托方的企业，在委托合作方开发软件的过程中应当注意提前制定书面的软件功能说明书及软件开发计划，从而确定受托开发方的具体技术指标和要求，如果软件开发过程中对前期确定的技术方案进行了调整的，应当适当调整受托方的开发期限。当确因受托方原因延迟交付或交付不符合合同要求时，委托方应及时发出催促履行的书面函件，并保留发出的证据。作为受托方的企业，在接受委托方的软件开发委托后，应当及时与委托方会商，确定委托方的具体要求和工作计划，并形成双方签章认可的书面记录，以便于产生争议时的举证。同时，受托方在面临委托方对开发软件的大规模技术调整时，应当要求委托方出具盖章的书面函件，并协商对软件交付期限进行调整，以降低受托方的风险。如果软件开发过程中涉及利用第三方专利的，双方应当在合同中注明发明创造的名称、专利申请人和专利权人、申请日期、申请号、专利号以及专利权的有效期限。

第 89 问　作为原告，如何在禁售诉讼中申请临时禁令？作为被告，如何应对？

课程音频

本文作者　胡朋、吴潇

　　作为原告，诉前申请临时禁令须满足如下条件：①原告享有合法的知识产权。②被告正在实施或即将实施的行为可能构成侵犯知识产权。③不采取有关措施，会给原告的合法权益造成难以弥补的损害。④原告提供了有效担保。诉中申请临时禁令须满足如下条件：①原告享有合法的知识产权。②被告正在实施的行为可能构成侵犯知识产权。③不采取保全，可能造成当事人一方不可弥补的损害。④人民法院可以视情况要求原告提供担保。

　　作为被告，可采取如下措施应对：①在法院裁定采取保全措施前应采取有效的抗辩措施，证明不满足采取行为保全的条件。②在法院采取了保全措施后，应当依法证明保全有错误，进而申请人民法院解除保全并要求原告赔偿损失。③在法院解除保全措施后，因保全措施遭受损失的，可以要求原告赔偿损失。

以案说法

　　1. 某通公司诉某果公司侵害专利权纠纷一案中，法院认为某通公司提交的证据能够证明四家被告公司涉嫌未经专利权人许可，为生产经营目的实施涉案专利，该四家公司具有侵害涉案专利或帮助侵害涉案专利的可能性，且某通公司提供证据证明了其销售行为如不被及时制止可能给某通公司造成无法弥补的损害，因此认为某通公司的行为保全申请符合法律规定，裁定四家公司停止销售案涉专利的侵权产品。

2. 在某康申请责令停止拍卖钱钟书书信手稿一案中，法院认为某佳公司在涉案钱钟书书信手稿的权利人某康明确表示不同意公开书信手稿的情况下，即将实施公开预展、公开拍卖的行为构成对著作权人发表权的侵犯。如不及时制止，将给权利人造成难以弥补的损害。此外，发表权是著作权人行使和保护其他权利的基础，一旦作品被非法发表，极易导致权利人对其他复制、发行等行为难以控制。

律师建议

对于原告而言，一方面要明确临时禁令的申请是否符合法定要件，包括诉前临时禁令以及诉中临时禁令；另一方面，在法院作出保全措施后，原告还应注意尽快提起诉讼或者仲裁，对于既不提起诉讼或者仲裁、又恶意申请行为保全措施给被告带来巨大损失的，原告可能需要承担保全申请错误的赔偿责任。

对于被告而言，首先，可以向法院就该临时禁令申请复议，在听证程序中提供证据证明不满足采取行为保全的条件；其次，可以向法院提供与原告主张损失额度相当的反担保，促使人民法院撤销保全裁定；最后，被告可以提供证据表明保全措施带来的损失影响远高于原告提供的担保数额，以此要求原告追加相应担保，在原告无法追加担保的情况下，法院可能撤销保全裁定。

第 90 问

如何审查判断商标侵权案件中是否构成在先使用？

课程音频

本文作者 杜 宇

　　根据《商标法》规定，商标注册人申请商标注册前，他人已经在同一种商品或者类似商品上先于商标注册人使用与注册商标相同或者近似并有一定影响的商标的，注册商标专用权人无权禁止该使用人在原使用范围内继续使用该商标，但可以要求其附加适当区别标识。判断是否构成在先使用，需要从以下几个方面来进行审查：一是该使用人在商标注册人申请商标注册前使用与注册商标相同或近似的商标；二是该使用人在同一种商品或者类似商品上使用与注册商标相同或者近似的商标；三是该使用人在先使用造成一定影响，根据《最高人民法院关于审理商标授权确权行政案件若干问题的规定》第 23 条第 2 款规定，在先使用人举证证明其在先商标有一定的持续使用时间、区域、销售量或者广告宣传的，法院可以认定其有一定影响；四是在原使用范围内继续使用与注册商标相同或者近似的商标，包括判断使用主体是否超出原有范围，以及使用方式是否超出原有范围，包括使用规模、地域范围、经营途径等，若超出原有范围使用则可能构成商标侵权。

以案说法

四川某安消防科技有限公司（以下简称四川某安公司）、深圳市某安科技有限公司（以下简称深圳某安公司）侵害商标权一案中，上诉人（原审被告）四川某安公司认为其使用涉案标识的时间早于深圳某安公司取得涉案商标的时间，属于在先使用，不构成侵权。法院认为上诉人四川某安公司提交的证据不足以证明其在生产、销售的被控产品上使用涉案标识在先并有一定的影响力，亦不能证明被上诉人深圳某安公司知晓并默认其使用涉案商标，故其在先使用的上诉主张无事实和法律依据，不能成立。

律师建议

企业使用的商标应尽早注册，避免被他人抢注商标。商标成功注册后，注册人具有使用注册商标的专有权和排斥他人在同一种商品或者类似商品上使用与其注册商标相同或者近似的商标的禁止权。若企业使用的商标尚未注册而已被他人注册，但构成在先使用，则企业应在原有范围内使用该商标，或在该商标附加适当区别标识，避免侵犯他人商标权。企业在申请商标注册前，应关注同一种商品或者类似商品上是否已经存在与其相同或者近似的未注册商标，以此规避在先使用人的存在。若注册商标后发现存在在先使用人，应及时与该使用人进行沟通，要求其附加适当区别标识。若发现该使用人超出原适用范围，企业应尽快采取法律手段，维护自身合法权益。

第91问

何为商业秘密保护？商业秘密保护的思路是什么？经营者作为具体权利人如何对商业秘密进行保护？

课程音频

本文作者　顾德鹏

　　与著作权、专利权等知识产权需要通过公开来换取保护不同，商业秘密保护是指权利人不希望其秘密信息公之于众，而又想要得到法律保护时，可以选择的有效路径。

　　是否选择使用商业秘密对经营信息和技术信息进行保护，经营者通常可以遵循以下思路：

　　第一，确认需求。确认需求是商业秘密保护第一步。经营者首先需要分析、比较商业秘密保护与其他知识产权保护措施的优缺点，进而确定是否有通过商业秘密的方式进行保护的需要；如确认需求之后，则需要明确具体拟保护商业秘密的信息范围和需要达到的保护程度。此过程主要目的为确认商业秘密保护目标和拟达到的效果，即经营者需要明确了解商业秘密保护的优点在于无时效限制，只要权利人自己不公开，可以一直处于秘密而受保护状态；与之对应，权利人需要花费相应成本、采取相应保密措施确保秘密状态得以延续，并且在发生侵权时自行承担大量的举证义务与责任。

　　第二，现状调查。主要了解商业秘密情况和保护现状，并结合保护目标发现其中存在的问题和不足，以便于经营者及时调整、优化商业秘密保护措施。

第三，保密方案。在需求确认和完成现状调查之后，下一步则需要结合二者情况制定保密方案。保密方案需要结合经营者实际情况予以制定，保密方案的制定是达到商业秘密保护目标十分关键的一步，方案内容包括确定商业秘密保护信息、明确重点人员、制定保护措施等。

第四，方案实施。保护方案形成之后需要对具体的保密方案予以落实。是否能达到如期的保护效果，落实也是很重要的一个环节。考虑到保密方案实施过程容易与方案内容发生一定的偏离，为避免偏离对实施效果的影响并在实施过程中及时对方案进行优化，经营者应当对实施情况进行实时跟踪并形成实施报告，对实施过程中存在的问题予以反馈和纠正。

经营者作为商业秘密权利人，要从自身层面加强对商业秘密的保护，通过实施充分且适当的保密措施，对其所主张的商业秘密加以保护，防止保密信息泄露、被第三人窃取或使用。

权利人发现其商业秘密遭到泄露、被第三人滥用等受侵害的情形时，应当及时向市场监督管理部门举报，寻求行政机关的救济，要求侵权人立即停止使用保密信息的行为、主张销毁承载有保密信息的载体等；侵权行为严重时，权利人还可以寻求商业秘密保护的司法救济，向公安机关进行刑事报案或者向人民法院提起民事诉讼，防止商业秘密信息被进一步侵害。

第 92 问 法律上对商业秘密如何界定且都具备哪些特点？法律上的界定和日常理解的商业秘密是否一致？

课程音频

本文作者　顾德鹏

　　商业秘密需要同时具备以下特点，才能获得我国现行法律的有效保护：

　　第一，秘密性，即法律要求的"不为公众所知悉"，是指商业秘密中的保密信息不被所属领域的相关人员普遍知悉。司法实践中，被告一方通常从反面推翻这一特点：如果权利人所主张的商业秘密曾经公开在出版物（报纸、杂志、书籍等）或者电视、网站、博览会等媒介上，或者商业秘密涉及的信息属于行业惯例或者一般常识，那就会被认定为不具备"秘密性"特征，而无法获得商业秘密的保护。

　　第二，价值性，即法律要求的"具有商业价值"。商业价值的判断并不直接等同于能否带来经济收益的增长，而是着眼于是否为权利主体带来竞争优势，哪怕商业秘密并未带来经济收益增加，但能够有效防止发生亏损，甚至能够为今后一段时期的商业竞争带来后发优势，一样会被司法实践认可具备商业价值。

　　第三，保密性，即法律要求的"经权利人采取相应保密措施"。如果权利人只主张相关商业信息具有秘密性，而无法证明已采取必要的保密措施，也无法获得法律保护。常见的保密措施包括但不限于：与员工签订保密协议，制定并严格执行保密制度，定期举行保密培训，对存放商业秘密的空间进行物理区隔并采取限制进入等措施，对于记载商业秘密的载体实施严格的禁止或者限制使用、访问、存储、复制等手段，限制能够接触商业秘密的人员范围等。同时，需注意所有保密措施都应留存有纸质、电子数据、视频资料等形式的直接证据。

通过以上解释，不难看出法律所保护的商业秘密与普通公众理解的商业秘密存在一定差异。

首先，法律将商业秘密限定在技术信息和经营信息两个维度，并不是商事主体的任何信息都可以落入商业秘密的保护范围之内。其他范围的秘密如国家级考试涉及的试题内容属于国家秘密范围，受到《中华人民共和国保守国家秘密法》调整与保护，而自然人之间的秘密属于个人隐私范围，受到《民法典》保护。

其次，商业信息需同时具备秘密性、价值性、保密性三个特点。经常容易发生误解的一类内容是客户信息，普通公众认为既然现行法律有明文规定，那么所有的客户信息都可以通过商业秘密这一主张得到保护。实际上，客户信息需要满足一定深度（如包括客户主体名称、联系方式、联系地址、采购习惯、采购需求等具体内容），才可能符合秘密性的特点，从而被认定构成商业秘密。否则，清单或表格中简单标明序号、缺少具体内容的客户名称，与司法实践中商业秘密所保护的客户名单相去甚远。

最后，商业秘密的认定与其价值多少、数量多少都没有任何关联。以客户名单为例，哪怕名单中只有一位客户的信息，但只要满足上文提到的深度要求，也可以被认定为商业秘密得到保护。反之，哪怕客户名单有成千上万条信息，但仅仅只有名称，缺少交易习惯、交易内容等具体信息，都无法被认定为商业秘密而受到法律保护。

经营者客户名单是否属于商业秘密保护范畴？经营者客户名单应当怎么保护？

课程音频

本文作者 顾德鹏

　　现行《最高人民法院关于审理侵犯商业秘密民事案件适用法律若干问题的规定》第 1 条第 2 款、第 3 款规定："与经营活动有关的创意、管理、销售、财务、计划、样本、招投标材料、客户信息、数据等信息，人民法院可以认定构成反不正当竞争法第九条第四款所称的经营信息。前款所称的客户信息，包括客户的名称、地址、联系方式以及交易习惯、意向、内容等信息。"因此，客户名单只有符合上述法律规定，同时具备秘密性、价值性、保密性特征时，才属于商业秘密保护范畴。

以案说法

　　A 公司有几十个销售人员，配置有多部业务手机，每台业务手机上都有成百上千个社交媒体好友。A 公司销售人员通过与业务手机上的社交媒体好友聊天来推销产品。张三从 A 公司离职后，继续以个人名义向 A 公司业务手机中的社交媒体好友推销相关产品，A 公司便将张三告上法庭，认为张三侵犯 A 公司商业秘密，要求停止侵权、赔偿损失。法院认为，A 公司业务手机中仅有一部分有购买意向的社交媒体好友才会成为其真正的"客户"，除此之外还有相当一部分社交媒体好友仅仅是不特定的产品推销对象而已。而且A公司自称这些社交媒体好友是从广告平台上以80元／人的成本获得，即相关信息可以通过公开渠道获得，不符合商业秘密所要求秘密性的构成要件，不属于商业秘密，最终驳回A公司对张三的诉讼请求。

律师建议

关于客户名单的保护，首先是要划定范围。通常情况下，不建议所有的客户信息都通过商业秘密进行保护，一无必要，二会额外增加经营管理成本，反而得不偿失。其次是要在划定范围、确定重点客户名单之后，进一步缩小通过商业秘密加以保护的客户信息的范围。以特定交易对象的名称为例，因其轻易可以通过公开渠道查询得到，因此无论从公司内部还是外部角度考虑，均无保护的必要。但交易对象的采购负责人员、对供应商的准入资质要求、仓储物流基地位置、发货习惯、结算账期等细节，则属于对经营者市场竞争具有重大影响的商业信息，有必要通过商业秘密进行保护。再次是应当在明确具体保密信息范围后，制定配套的保密管理措施。如对客户名单中涉及的保密信息进行分级保护，并在此基础上，限定接触人员的范围、接触的难易程度。也就是说，密级越低的客户信息，能够接触到的人员范围越大、接触越容易；密级越高的客户信息，可以接触的人员范围越小、接触越困难。最后是要在保密措施实施过程中，注意留存证据，一是为了对每次保密信息的公开留下痕迹，做到有迹可循，能够追根溯源；二是方便日后若发生泄密事件时，可尽快向行政或司法机关提交证据，以便证明自己所主张的商业秘密符合保密性的特征。

第94问　员工签署竞业限制协议或保密协议，协议约定的补偿金未支付情形下，员工是否还负有保密义务？

本文作者　顾德鹏

课程音频

 解·答

　　竞业限制协议与保密协议虽然最终目的都在于保护用人单位的竞争优势，但二者属于互相独立且各不相同的法律关系。竞业限制协议不能必然得出劳动者负有保密义务的结论，因而，在竞业限制协议的前提下，无论用人单位是否支付补偿金，员工都不会当然承担保密义务。

　　包括保密义务在内，任何义务的来源无外乎约定和法定两种途径。依据我国现行《中华人民共和国劳动合同法》（以下简称《劳动合同法》）第23条规定，用人单位可以与劳动者约定用人单位的商业秘密和知识产权相关保密事项，保密约定合法有效的前提下，劳动者基于约定而对用人单位负有保密义务，该项义务的履行并不以用人单位支付补偿金作为条件。此外，《反不正当竞争法》第9条的规定，实质已经将劳动者对于商业秘密的保密义务，上升到法定义务的高度。因此，劳动者对商业秘密承担的保密义务，不以用人单位支付补偿金为前提。

以案说法

在 A 公司起诉 B 公司、张三侵犯其商业秘密的纠纷案件中，A 公司作为原告，主张 B 公司侵犯其商业秘密，而张三作为共同被告抗辩案涉的保密协议属于用人单位与劳动者签订的竞业限制协议，A 公司并未向张三支付补偿金，该协议无效。

法院认为，针对商业秘密而言，劳动者所负担的保密义务属于法定义务，竞业限制义务属于约定义务。保密协议的目的在于禁止劳动者在任职期间或离职后披露、使用前用人单位的商业秘密。张三曾任职于 A 公司并接触到案涉的商业秘密信息，所以离职后仍应当承担保密责任。A 公司未支付补偿金，不能就此认为张三可以对此前接触到的 A 公司商业秘密进行随意披露、使用。因此，张三的抗辩理由并未得到法院支持。

律师建议

尽管员工对于商业秘密承担的保密责任属于法定义务，并不以用人单位支付补偿金为前提条件，但用人单位还是应当与员工签订严格的保密协议，明确约定员工保密义务的范围、期限。更为紧要的是，保密协议中应当明确约定员工违反保密义务后的违约金条款，并写明违约金的具体金额，以便于日后维权时减少举证责任。

竞业限制协议作为约定义务，通常并不适用于全部劳动者，而是针对性地与关键岗位员工签订即可，同时要求负有竞业限制义务的员工履行相应义务，必须以用人单位支付竞业限制补偿金为前提条件，否则用人单位的主张将无法得到司法支持。

第 95 问

商业秘密被员工泄露或侵犯，权利人维权应当如何收集证据？以及收集何种证据？

课程音频

本文作者　顾德鹏

解 · 答

　　商业秘密被员工泄露或侵犯时，无论采取行政救济向市场监督管理部门举报，或者采取刑事报案措施寻求公安机关帮助，还是通过司法诉讼或者仲裁来获得权利救济，都需要权利人提交充分有效的证据来证实自己的主张。

　　由此产生的证据收集环节显得尤为重要，正所谓"举证之所在，败诉之所在"，无法有效收集并且组织证据，权利主张得不到保护的风险，将被进一步扩大。

　　商业秘密被侵犯时，权利人应当着重收集以下几个方面的证据。

　　①商业秘密权利性证据，也就是权利人需要证明自己所主张的技术信息、经营信息符合商业秘密的特性，同时证明自己是与之对应的权利主体。通常而言，权利性证据包括但不限于：生产工艺、流程，设计图纸，配方，说明等类型证据材料；客户信息等经营信息；采取相应保密措施的证据材料（如保密制度、保密培训记录、保密制度实施的具体证据）；第三方机构鉴定意见；行政机关备案资料。

②商业秘密侵权事实证据。根据商业秘密侵权的具体情形不同，侵权事实证据可以从下列几个方面收集：员工接触过被侵权商业秘密的记录，或有接触被侵权商业秘密可能的证据；员工通过盗窃、贿赂、欺诈等方式获取商业秘密的证据；员工将通过正当途径获知的商业秘密披露给他人、私自使用或允许他人使用的证据；员工将不正当获取的商业秘密披露或允许他人使用，或者自行使用的证据；员工违反保密协议约定，使用、披露或者允许他人使用商业秘密的证据等。

③实际损失证据。权利人主张商业秘密被侵犯，在提出立即停止侵权行为的同时，绝大部分都伴随有赔偿损失的诉求，对于损失的认定，也需要权利人提出证据加以佐证。依照现行法律规定，实际损失的证据一般需要因侵权行为导致权利人减少的销售数量证据以及相应利润减少的证据等，也可以提交侵权人违法使用商业秘密所获利益的证据，来反证权利人自身遭受的损失。

律师建议

商业秘密被侵犯时，权利人往往在保密性特征的证明层面存在误解，认为简单制定保密制度、实施过保密培训、签订了保密协议，就已实施了相应的保密措施。实际上，上述措施属于落实商业秘密保护措施的必要条件，但并不充分。商业秘密保护措施一定需要配套具体落地措施：物理区隔涉密场所，限制接触涉密信息的人员范围、空间范围，每次进出涉密场所均需通过一定保密验证措施等，此处不再一一列举。

员工侵犯商业秘密的损失主张，对权利人而言，比较便利的一点是可以通过保密协议中违约金条款的约定，设定具体金额的违约金数额，据此直接提出赔偿主张，由此简化自身举证责任，避免无法提出证明直接损失的证据而索赔主张落空。

此外，针对明知或应知员工违反保密义务披露商业秘密仍然使用该商业秘密的第三方主体，如员工跳槽后、员工收受贿赂给第三方提供企业商业秘密的情形，除了向员工追究侵权、违约责任外，也可以向使用该商业秘密的第三方追究侵权责任。

第 96 问

商业秘密被侵犯所产生的实际损失应当如何计算？法律对损失计算是否有相应规定？

课程音频

本文作者　顾德鹏

解·答

　　现行法律并未对实际损失的具体计算作出明确规定。无论是《反不正当竞争法》第 17 条第 3 款，还是《最高人民法院关于审理侵犯商业秘密民事案件适用法律若干问题的规定》第 19 条，都是如此。

　　司法实践中，侵犯商业秘密造成的实际损失，可以参照专利侵权实际损失进行计算，具体计算方法如下：

　　①产品销售减少量 × 合理单价利润。

　　参照确定侵犯专利权的损害赔偿额的方法进行计算，实际损失计算是根据载有商业秘密信息的产品，因侵权所造成销售量减少的总数乘以每件正常载有商业秘密信息的产品的合理利润所得之积计算。

　　②侵权产品销售数量 × 合理单价利润。

　　权利人销售量减少的总数难以确定的，侵权产品在市场上销售的总数乘以每件正常载有商业秘密信息的产品的合理利润所得之积，可以视为权利人因被侵权所受到的实际损失。

③根据商业价值综合确定。

因侵权行为导致商业秘密已为公众所知悉的，应当根据该项商业秘密的商业价值确定损害赔偿额。商业秘密的商业价值，根据其研究开发成本、实施该项商业秘密的收益、可得利益、可保持竞争优势的时间等因素确定。

以案说法

A 公司与 B 公司侵害技术秘密纠纷案件，法院在认定涉案信息构成商业秘密且侵权事实成立情形下，涉及实际损失计算问题。

法院最终在损失计算过程中，参照产品历年平均销售毛利润（平均销售价格 × 平均销售毛利率），以 B 公司因侵权所造成销售量减少数 × 每件产品的平均销售毛利，参考所得结果计算损害赔偿额，最终判决被告应向 B 公司支付包括合理费用在内的经济损失 140 余万元。

律师建议

不难看出，商业秘密被侵权之后的损害赔偿金额计算，无论在立法层面还是司法裁判层面，都是一个难题。作为提出主张的一方，权利人需要证明实际损失数额，才能得到司法裁判支持，所以权利人应当保存好自身的销售数据与资料。

因商业秘密被侵权导致销售数据下降，就可以通过往年销售数量、销售金额和销售利润进行对比，进一步确定赔偿数额的主张；若销售数据未出现明显波动，也可以参照历年销售数量、销售金额和销售利润，确定商业秘密的价值，有助于锁定损害赔偿数额。

第 97 问 共有商业秘密如何认定合理保密措施？
某一人采取措施的法律效果如何？

课程音频

本文作者　胡朋、吴潇

解 答

　　合理保密措施包括如下举措：签订保密协议；限定涉密信息的知悉范围；在涉密信息的载体上标有保密标志；对于涉密信息载体采取加锁等防范措施；对于涉密的机器、厂房、车间等场所限制来访者或者提出保密要求；商业秘密各共有人均采取了相应的保密措施。

　　某一共有人采取了合理保密措施，能否视为其他共有人已采取了合理的保密措施？答案是否定的，因为只要商业秘密共有人其中一人未采取合理的保密措施，都意味着相关信息暴露在无保护的状态下，商业秘密最核心的"秘密性"也将不复存在。

以案说法

　　某通合成材料厂、某蓝工程塑胶有限公司等诉某茂实业有限公司、陈某新等侵害技术秘密纠纷一案中，三原告认为某茂实业有限公司、陈某新、周某某等人侵犯了三原告所共同拥有的商业秘密，请求某茂实业有限公司、陈某新等立即停止侵害商业秘密的行为并赔偿经济损失4500万元。庭审中，三原告出示了原告一的保密规定和保密协议以证明三原告采取了有效的保密措施。法院认为，在涉案信息共有的状态下，各共有人采取的保密措施不能互相替代。即使某一共有人采取了合理的保密措施，但不能当然视为其他共有人已采取了合理的保密措施。因此，认定各共有人未就涉案信息采取合理的保密措施，对三原告主张不予支持。

律师建议

在商业秘密共有的状态下，合理的保密措施应当保证任何一个权利人都不会发生商业秘密泄露的可能。各个共有人可以通过在商业秘密共有协议中约定或订立专门的保密合同的方式，明确各共有人都负有保密义务、都应当对其所有的商业秘密采取合理的保密措施，并且任何权利人都不得未经其他权利人一致同意放弃对相关信息进行保密。对于其中的保密措施及违约责任条款应当尽可能地细化，保证可操作性。

第98问 技术许可合同保密期限届满后被许可人的保密义务如何认定？

课程音频

本文作者　胡朋、吴潇

解·答

　　首先，技术许可合同可能涉及商业秘密，而商业秘密作为知识产权的客体之一受到法律的保护。其次，根据《最高人民法院关于审理侵犯商业秘密民事案件适用法律若干问题的规定》第10条之规定，当事人根据法律规定或者合同约定所承担的保密义务，人民法院应当认定属于《反不正当竞争法》第9条第1款所称的保密义务。当事人未在合同中约定保密义务，但根据诚信原则以及合同的性质、目的、缔约过程、交易习惯等，被诉侵权人知道或者应当知道其获取的信息属于权利人的商业秘密的，人民法院应当认定被诉侵权人对其获取的商业秘密承担保密义务。因此可知，我国商业秘密的保密义务包括法定保密义务、约定保密义务，以及默示保密义务，如违背法定保密义务、约定保密义务，默示保密义务则可能构成侵犯商业秘密。最后，法定保密义务、约定保密义务属于明示的保密义务，因此争议不大，但对于默示保密义务目前仍存在争议，一般认为应当根据一般的商业惯例、商业道德，涉案技术信息的价值，基于诚实信用原则来具体判断。

以案说法

在石家庄某兴氨基酸有限公司（以下简称某兴公司）、河北某晓生物科技有限公司（以下简称某晓公司）与北京某德同创生物技术股份有限公司侵害技术秘密纠纷一案件中，作为权利人的某德公司与被许可人某兴公司在许可合同中就某兴公司在合同履行期间的技术保密义务进行了约定，并约定在合同终止后，某兴公司应当继续对某德公司的技术秘密负有保密义务，然而某兴公司在合同终止之后，并未按照合同约定，对其在技术许可过程中知悉的技术信息向第三人某晓公司进行了披露，故而产生了纠纷。

法院认为，商业秘密自产生之日就自动取得，并具有相对排他性，即同一商业秘密可能由多个权利主体占有；同时，商业秘密的保护期限具有不确定性，只要商业秘密不被泄露，就一直受法律保护。技术许可合同约定保密期间，仅代表双方当事人对该期间的保密义务进行了约定，该保密期间届满，虽然合同约定的保密义务终止，但被许可方仍需承担除自己使用以外的保密义务。此外，法律规定的保密义务既包括侵权法意义上的、普遍的消极不作为义务；也包括基于诚实信用原则的合同前、合同中、合同后的保密义务。按照技术许可合同的性质，被许可方仅是获得了使用相关商业秘密的权利，合同中约定有保密期限，也不应当解释为保密期限届满后，受让人和被许可方可以许可他人使用，甚至披露相关商业秘密。因披露商业秘密属于放弃商业秘密民事权利的行为，除非合同中有明确约定，否则该行权处分行为不能由非权利主体实施。

律师建议

除非技术许可合同中明确约定保密期限届满后权利人放弃该项权利，否则被许可人应当基于诚实信用原则对合同中涉及的商业秘密继续承担保密义务并且不得将相关商业秘密披露给第三方或许可第三方使用。

第99问   如何判断是否侵犯专利权？

课程音频

本文作者 曾祥坤、赵 亮

判断一项技术方案是否侵犯发明专利权或实用新型专利权的基本原则为"全面覆盖原则"。

通俗地说，全面覆盖原则，就是将专利的权利要求中所提及的技术特征和侵权产品或技术方案（简称"侵权产品"）进行逐一比对，如果能在侵权产品上找到全部权利要求的技术特征，那么则认为专利侵权成立。

而在比对的过程中，并非一定要求侵权产品表现的技术特征和权利要求的技术特征完全"相同"，如果技术特征能够构成"等同"，那么也可以认为侵权成立。

所谓"等同"是指与权利要求所记载的技术特征：①以基本相同的手段。②实现基本相同的功能。③达到基本相同的效果。④本领域普通技术人员无需经过创造性劳动就能够想到的技术特征。

"等同"的具体判断时可考虑以下因素：两技术特征是否属于同一或相近的技术类别；两技术特征所利用的工作原理是否相同；两技术特征之间是否存在简单的直接替换关系，即两技术特征之间的替换是否需对其他部分做出重新设计，但简单的尺寸和接口位置的调整不属于重新设计；在判定是否构成等同侵权时，对手段、功能、效果以及是否需要创造性劳动应当依次进行判断，但手段、功能、效果的判断起主要作用。

以案说法

刘某于 2010 年 4 月 14 日取得了专利号为 ZL200510060680.×，名为"可调节的婴幼儿座椅"的发明专利（以下简称涉案专利技术）。2015 年，刘某认为某莱公司销售的儿童餐椅（以下简称被诉侵权产品）侵犯了其专利权，遂诉至法院。

此案经一审、二审、再审。其中有争议的技术特征是：被诉侵权产品的技术特征为在调节拉杆两端分别挂设有弹簧，弹簧挂设在销体上；涉案专利技术为调节拉杆两端分别套设有弹簧，在弹簧的外围套有孔径小于弹簧直径的套体。

对此，最高人民法院在指令浙江省高级人民法院（以下简称浙江高院）进行再审的裁定中，认为"两者虽然不属于相同的技术特征，但是无论是利用弹簧的拉伸原理调节座椅，还是采用弹簧的压缩原理调节座椅，均是利用了弹簧具有回复力的基本性质，手段基本相同，实现利用其回复力使得销体和卡槽扣紧的功能，两者所能达到的效果基本相同。而且，采用弹簧拉伸还是压缩的方式对于本领域普通技术人员来说是容易联想到的。因此，两者属于等同技术特征。"但是，浙江高院再审后则认为，虽然两者的功能和效果相同，但是在实现手段上被诉侵权产品直接"在调节拉杆两端设置销轴并挂设弹簧"更加简单、容易实施，无法否定其中的创造性因素，难以认定对该技术领域的普通技术人员而言被诉侵权产品中替换手段与权利要求对应技术特征相互替换是显而易见的，无需经过创造性劳动就能够想到的技术特征。最终再审判决未构成侵权。从这个判决来看，法院在"等同"的认定上是较为严格的。因而在专利申请之初，对权利要求的用词进行仔细考量，对于日后的维权工作会有较大的帮助。

律师建议

企业避免侵犯专利权，应当注意以下三点。

第一，专利调查。基于现代科学技术发展的日新月异，专利文献的增长速度不断加快。因此，企业在申请专利和实施专利之前，应进行全面地专利调查，避免落入他人专利的保护范围。未经查询的技术成果即使取得专利权，它的法律稳定性不足够牢固，或许会导致得而复失，让企业承受不可估量的经济损失，同时也易受到法律的侵权追究。

第二，抢先申请。专利申请必须先发制人，根据《专利法》规定，专利申请采取在先申请原则。因此，企业在制定专利申请战略时，要采取主动出击的策略，抢占制高点，只有这样才能大大降低企业侵犯他人专利权的概率。

第三，抢先公开。当企业技术成果获得专利权后，仍会制定一系列方案用于改进和提升专利技术，但或许不会及时展开。此时，企业应抢先将已获得专利的事实向社会公开，以防止其他企业采用外围专利战略与自身技术抗衡。

专利被宣告无效，专利侵权裁判文书该如何执行？

课程音频

本文作者　曾祥坤

　　宣告专利权无效前人民法院作出并已执行的，已经履行或者强制执行的专利侵权纠纷处理决定，已经履行的专利实施许可合同和专利权转让合同，该三种情况不具有追溯力。但是，因专利权人的恶意给他人造成的损失，则应当给予赔偿。当然，如果对已支付的上述费用显失公平的，应当酌情全部或者部分返还。

　　对法院作出的专利侵权的判决、调解书尚未履行的，则无需再履行；正在执行程序中的，则可以请求执行法院终结专利侵权的判决、调解书执行。未履行的专利实施许可合同和专利权转让合同，则应不再履行。

　　专利被宣告无效，以该专利为基础的技术合作协议并不必然无效，但是否需要继续履行需要根据双方协议实现目的、该专利在技术合作协议中所占的重要程度等进行确定，一般应对相关技术合作协议进行解除或重新签订补充协议以确定继续合作。

　　专利被宣告无效，以该专利出资法律性质上来说，属于已履行的专利权转让合同，属于《专利法》第47条不具有追溯力的情况，一般应视为已完成出资责任。

━━━━━━━━━━━━ **以案说法** ━━━━━━━━━━━━

　　荷兰某公司与某厨公司在履行《锅体旋转多功能自动烹饪锅合作协议》时发生纠纷，后某厨公司对荷兰某公司基于合作的名称为"锅体旋转多功能自动烹饪锅"的实用新型专利提出无效宣告申请并宣告该专利无效，并主张因涉案专利无效而导致涉案合作协议为无效协议。法院经审理后认为，涉案合作协议是双方真实意思表示，不存在法律规定的合同无效情形，《锅体旋转多功能自动烹饪锅合作协议》合法有效。但由于该专利无效，荷兰某公司与某厨公司签署的涉案《锅体旋转多功能自动烹饪锅合作协议》予以解除，并不再支付专利许可费。

　　《专利法》第 47 条约定了专利权无效后相关事项的处理，按一般民法原则，专利被宣告无效后视为自始不存在，那么专利转让或许可费、侵权赔偿等其性质上就属于不当得利应当返还相对人。但考虑到专利权作为一种无形财产权，基于确权过程技术复杂性，较难保证被授予的专利权都符合法律规定的授权条件，如果专利被宣告无效后需要溯及已履行或强制执行的裁决文书，会使相关的裁决处于不稳定的状态，进而对社会经济秩序稳定带来消极影响。

　　而广州知识产权法院在本案中也明确，宣告涉案专利全部无效前，在双方当事人的合作过程中，涉案专利一直处于有效状态。即使后来涉案专利被宣告无效，但在双方合作期间，某厨公司已根据涉案合作协议由该专利获得了利益，其后专利被宣告无效并未影响某厨公司在合作期间的利益。

　　当然，如果履行专利许可合同或专利转让合同时间较短该专利即被宣告无效，专利被许可人或受让人难以在极短时间内获得收益，就出现了明显不公开的现象，基于民法的公平合理原则，《专利法》第 47 条第 3 款也明确规定了如果显失公平，应全部返还或部分返还专利许可费或转让费。

律师建议

　　作为专利权人，应在维权后尽快申请法院强制执行，防止因专利不稳定对公司产生负面影响。对相对方，即使在确认构成专利侵权后，也应不放弃对涉案专利提出无效宣告，以尽量争取自己的合法权益。

　　根据《专利法》第 47 条第 3 款的规定，建议在专利许可和转让合同中，明确约定如果被宣告无效后，合同如何履行、专利许可费或转让费退返等，以减少因专利无效双方发生纠纷。

第 101 问　　专利被侵权如何救济

课程音频

本文作者　曾祥坤

　　如果你发现他人使用了你的专利技术，可以采取以下救济方式。

　　①协商解决。首先你可以与对方进行协商，要求对方停止使用你的专利技术，并赔偿你的损失。

　　②向法院起诉。如果协商无果，你可以向法院起诉，要求对方停止使用你的专利技术，并赔偿你的损失。在起诉前，你需要准备好相关证据，如专利证书、侵权证据等。

　　③向知识产权管理部门请求。如果对方的行为涉及侵犯你的知识产权，你可以向知识产权管理部门请求其对侵权行为进行行政查处。

以案说法

　　某钢集团有限公司、某钢钒钛公司系 ZL01139886.× 号发明专利（以下简称涉案专利）的专利权人，该专利名称为"氮化钒的制造方法"。2013 年，某鑫公司开始以落入涉案专利权保护范围的方法制造被诉侵权产品氮化钒。某钢集团有限公司、某钢钒钛公司从某汇公司处公证购买被诉侵权产品后发现，该产品系某鑫公司经某璟公司销售给某汇公司。某钢集团有限公司、某钢钒钛公司遂以案外人网站"中国铁合金在线"所公布的某鑫公司 2018 年至 2020 年生产被诉侵权产品的产量、氮化钒市场价格，推算出某鑫公司 2013 年至 2020 年销售被诉侵权产品的利润并提起本案诉讼，请求判令各被告停止制造、销售被诉侵权产品，并赔偿其经济损失及合理开支共计 9000 余万元。

法院经审理认为，某鑫公司使用落入涉案专利权保护范围的方法制造、销售被诉侵权产品，严重侵害了某钢集团有限公司、某钢钒钛公司的专利权，应当承担民事侵权责任。某璟公司销售被诉侵权产品亦应当承担相应的民事责任。鉴于某汇公司能够提供被诉侵权产品的合法来源，且主观上却不知道相应产品系侵权产品，故某汇公司仅对权利人部分维权合理开支承担赔偿责任。成都市中级人民法院以某鑫公司 2013 年至 2020 年申报税务所确定的营业收入作为参考基数，并考量涉案专利对制造被诉侵权产品的贡献率以及销售被诉侵权产品的利润率，判决某汇公司、某璟公司、某鑫公司停止侵权；某鑫公司赔偿某钢集团有限公司、某钢钒钛公司经济损失及合理开支共计 2963.3 万元；某璟公司赔偿某钢集团有限公司、某钢钒钛公司经济损失及合理开支共计 15800 元；某汇公司赔偿某钢集团有限公司、某钢钒钛公司合理开支共计 903.5 元。

律师建议

企业在经营过程中，可能会受到各种因素的干扰，导致其合法权益受到侵害。当企业发现有侵害其专利权的行为时，可以通过专利维权，保护企业的合法权益，使企业不受非法侵犯或遭受损失。

在遇到专利侵权行为时，企业可以通过维权手段，要求侵权方赔偿经济损失，从而挽回经济损失，规范市场秩序，促进公平竞争。此外，成功的专利维权还可以帮助企业树立良好的形象，提高其品牌知名度和社会声誉。

第 102 问　　被诉侵犯专利权后，我该如何抗辩？

课程音频

本文作者　曾祥坤

解　答

　　根据《专利法》及相关司法解释，参考北京高级人民法院《专利侵权判定指南（2017）》，企业遭遇专利侵权诉讼后，一般可以主张六种抗辩理由。同时，根据对方专利情况、自己技术方案的情况、在先使用情况等，企业还可灵活使用不同抗辩理由。

　　①专利权效力抗辩。专利权效力抗辩，指直接攻击对方的权利基础。遇到专利侵权诉讼时，应该首先核对对方主张专利权的专利是否在有效期内，对方是不是专利登记簿载明的权利人或查找在申请日之前有无能够使专利权无效的现有技术，通过在答辩期间内向专利复审委员会提出宣告涉案专利无效的请求，再依据专利复审委员会的无效宣告请求受理通知书向管辖法院提出中止侵权诉讼的申请。

　　②滥用专利权抗辩。滥用专利权抗辩，主要是指被诉侵权人能够提供证据证明涉案专利为专利权人恶意取得，此时法院可以判决驳回原告的诉讼请求。

　　③不侵权抗辩。不侵权抗辩，即主张被诉技术方案没有落入涉案专利保护范围之内，不视为侵权的抗辩。具体细节见下表。

权力用尽	只允许权利人在专利权实施的第一个环节中获得一次利益，在获得一次利益后，此后的生产、销售等环节就与权利人再无关系
先用权抗辩	在专利申请日前已经制造相同产品，使用相同方法或者已经做好制造、使用的必要准备，并且仅在原有范围内继续制造、使用的，不视为侵犯专利权； 使用、许诺销售、销售上述情形下制造的专利产品或者依照专利方法直接获得的产品的，不视为侵犯专利权
科学研究	专为科学研究和实验而使用有关专利，不视为侵犯专利权
行政审批	为提供行政审批所需要的信息，而制造、使用、进口专利药品或者专利医疗器械的，以及专门为其制造、进口专利药品或者专利医疗器械，不视为侵犯专利权
个人使用	为私人利用等非生产经营目的实施他人专利，不视为侵犯专利权

④现有技术抗辩及现有设计抗辩。现有技术抗辩，即被诉侵权的技术方案在涉案专利申请日之前已经是广为人知的常用方案的，被诉侵权人的行为不构成侵犯专利权。

⑤合法来源抗辩。所谓合法来源是指通过合法的销售渠道、通常的买卖合同等正常商业方式取得被诉侵权产品。要证明合法来源，一般要求有符合规定的合同、发票等。

⑥不停止侵权抗辩。使用者实际不知道使用的产品未经权利人授权，判令被诉侵权行为停止侵权会有损国家利益和公共利益，标准必要专利案件中由于专利权人故意违反其在标准制定中承诺的公平、合理、无歧视的许可义务导致无法达成专利实施许可合同，以上三种情形，被诉侵权人可以主张不停止侵权抗辩。

━━━━━━━━━━━ **以案说法** ━━━━━━━━━━━

　　在（美国）某利公司、江苏某森药业股份有限公司（以下简称某森公司）侵犯发明专利权纠纷一案中，原告某利公司分别拥有三项构成生产制备吉西他滨盐酸盐和吉西他滨的完整技术方案的专利。某森公司获得了国家药品监督管理局核发的注射用盐酸吉西他滨新药证书及生产批件，其中申报的生产工艺名称为中试工艺。

　　经审理，被诉侵权方法与专利二均是涉及用含水的无机酸处理反应混合物。被诉侵权制备方法进行提纯和分离的反应物并非专利二限定的 β 异头物富集的核苷，没有落入专利二的保护范围。专利三是制备吉西他滨盐酸盐的方法。根据专利三说明书记载的内容，美国专利 5223608 已经公开了使用无水氨的甲醇液进行脱保护，使用氨气作为脱保护物质是专利三优先权日之前的现有技术，不应当将现有技术通过等同原则纳入专利三的保护范围。故最高人民法院最终维持了原判不支持某利公司主张某森公司侵犯专利权的诉请。

　　根据《专利法》第 61 条的规定，专利侵权纠纷涉及新产品制造方法的发明专利的，制造同样产品的单位或者个人应当提供其产品制造方法不同于专利方法的证明。

　　专利侵权纠纷涉及实用新型专利或者外观设计专利的，人民法院或者管理专利的部门可以要求专利权人或者利害关系人出具由国务院专利行政部门对相关实用新型或者外观设计进行检索、分析和评价后作出的专利权评价报告，作为审理、处理专利侵权纠纷的证据。

　　根据《最高人民法院关于审理侵犯专利权纠纷案件应用法律若干问题的解释》第 17 条的规定，产品或者制造产品的技术方案在专利申请日以前为国内外公众所知的，人民法院应当认定该产品不属于《专利法》第 61 条第 1 款规定的新产品。

律师建议

　　企业被诉专利侵权，尤其是收到对方发送的专利侵权警告／声明函后，一方面，可以通过上述专利无效等方法积极应诉，对涉案专利进行检索分析，寻找能够使对手专利无效的证据，当侵权的专利已经无效时，专利侵权也就不存在了。

　　企业应该从产品初期就建立起系统完整的知识产权管理，做好知识产权运营。在平时的产品或技术的研发过程中，企业要做好专利检索，提前进行检索分析寻找国内外是否有与之相同的现有技术。做防侵权检索的原因也就是为了规避掉一些侵权风险。为企业的产品在市场上更加具有竞争力，专利检索在一定的情境下是必不可少的。

　　同时，也建议企业及时寻求合作，获取专利许可，或是通过自有的专利与之进行专利交叉许可，并根据实际情况积极与对方进行谈判。

第 103 问　判决出来前，可以要求先停止侵权吗？

课程音频

本文作者　曾祥坤

解·答

　　判决出来前，是可以要求先停止侵权的。在申请时，可以同时向法院申请侵权人停止侵害行为（行为保全），以防止侵权的影响进一步扩大。

以案说法

　　在瓦某奥清洗系统公司（以下简称瓦某奥公司）与厦门卢某斯汽车配件有限公司（以下简称卢某斯公司）、厦门富某汽车配件有限公司（以下简称富某公司）、陈某强侵害发明专利权纠纷一案中，瓦某奥公司在一审过程中，提出保全申请，请求法院责令卢某斯公司、富某公司及陈某强停止侵害涉案专利权，并提供了 100 万元的现金担保。但一审法院作出支持专利权人关于停止侵害专利权诉请的部分判决后，对于诉中行为保全申请尚未作出处理。后又上诉至最高人民法院，最高人民法院认为，一审判决虽已作出，但并未生效。责令停止侵害的诉中行为保全措施可以起到及时制止侵权行为的效果，更加有效保护专利权。因而二审法院如无法在保全申请的处理期限内作出裁判的，应当另行就保全申请进行审查，并单独就此作出是否予以保全的裁定。

《中华人民共和国民事诉讼法》第 103 条和第 104 条分别规定了诉中保全和诉前保全措施。因而当事人既可以在起诉前，也可以在诉讼过程中提出保全申请，请求查封、扣押、冻结侵权人与其侵权数额相应数额的财产，或者请求法院责令侵权人作出一定行为或禁止侵权人作出一定行为。

而结合前述案例中最高人民法院的观点来看，保全和诉讼是两个分离的程序，若法院无法在保全申请的处理期限内作出判决，那么应当另行对保全申请进行审查，单独作出是否允许保全的裁定。

因而，在专利侵权诉讼中，及时申请保全，可以最大限度地保护企业的利益，避免损失的扩大。

律师建议

在专利侵权诉讼中，提起诉讼保全可以有效促进专利侵权纠纷的解决。尤其是诉前保全措施，有机会在判决最终生效前，就预先要求侵权人停止其侵权行为，甚至在损害赔偿的范围内冻结侵权人的银行账户。在实践中，采取保全措施后，还有机会促使侵权人主动寻求和解方案，从而更加快速地解决纠纷，挽回损失。

第104问　侵权损失怎么算？

课程音频

本文作者　曾祥坤

　　侵权损失一共有四种计算方法，按照适用顺序分别是权利人实际损失、侵权人获得利益、许可费合理倍数、3万至500万的法定赔偿标准。前述数额确定后，赔偿数额还应当包括权利人为制止侵权行为所支付的合理开支。另外，权利人和侵权人还可以依法约定专利侵权的赔偿数额或者赔偿计算方法。

　　司法实践中最常适用的是权利人实际损失、侵权人获得利益以及法定赔偿标准三种计算方法，其中前两种计算方法的公式如下：

　　权利人损失 = 专利产品减少销量（或侵权产品销量）× 专利产品合理利润 × 专利对利润的贡献率

　　侵权人获利 = 侵权产品销售量 × 侵权产品合理利润（营业利润或销售利润）× 专利对利润的贡献率

以案说法

　　蒋某与其专利授权人某威公司认为某芝电热器件有限公司、某易购集团股份有限公司所销售的 TCL 空调、某信空调、某的空调等空调侵犯了其享有的"PTC 发热器的导热铝管及 PTC 发热器"专利技术，诉至法院要求赔偿，经历一审、二审和再审审理后，最高人民法院判决侵权方向权利方赔偿经济损失9377867 元，为制止侵权行为所支付的合理开支 60000 元，共计 9437867 元。

最高人民法院在计算上述金额时，在无法确定权利方损失的情况下，运用的是上述提及的侵权人获利公式，侵权产品销售总金额、利润率是在会计师事务所出具的鉴定报告的基础上斟酌确定，并且认为对于多部件或者多专利的被诉侵权产品，原则上不宜简单采用"侵权产品销售量 × 侵权产品销售利润"的方式计算侵权获利，需要考虑专利对于侵权产品利润的贡献率，而以"侵权产品销售量 × 侵权产品销售利润 × 专利对利润的贡献率"的方法进行计算。该规则也在 2015 年出台的《最高人民法院关于审理侵犯专利权纠纷案件应用法律若干问题的解释》第 16 条中有所体现。

律师建议

企业在证明侵权方侵犯专利权后，需要对销售数量、销售单价、利润率、知识产权贡献率、侵权情节进行积极举证，不然在上述数据无法确定时，法院很有可能会运用兜底条款确定不超过 500 万元的法定赔偿数额。上述数据证明的一般操作思路见下表。

待证数据	操作思路
销售数量	网络销售平台，第三方的分析统计报告，被告发布的新闻、广告、网页杂志宣传、招投标广告等证据
销售单价	销售合同、网络销售平台的销售单价、现场公证购买侵权产品的销售单价等证据
利润率	专利许可费，维权者曾就专利产品与他人签订的销售合同的利润，维权者自己产品的平均利润，生产、销售同类产品的上市公司的利润或者案件当事人提供的侵权产品的合同发票
贡献率	可以聘请专业的评估公司进行评估或者统计出侵权产品使用的总的专利个数从而计算涉案专利所占的贡献率
侵权情节举证	可以从侵权规模、时间和范围，是否重复侵权，是否恶意侵权出发进行举证并请求法院给予惩罚性赔偿

第 105 问　**侵权损害赔偿数额的计算应当遵循什么原则？**

课程音频

本文作者　杜　宇

解　答

　　根据《专利法》第 71 条、《商标法》第 63 条、《著作权法》第 54 条，以及《民法典》第 1185 条的规定，我国专利侵权损害赔偿原则是全部赔偿原则与惩罚性赔偿原则相结合。全部赔偿是指侵权行为人对因侵权行为给他人造成损害的，赔偿责任的大小应以其侵权行为所造成的实际损失为依据，予以全部赔偿。根据《专利法》《商标法》《著作权法》中关于侵权损害赔偿数额的规定，按照适用顺序分别是权利人实际损失、侵权人获得利益、许可费合理倍数、500 万以下的法定赔偿标准。前述数额确定后，赔偿数额还应当包括权利人为制止侵权行为所支付的合理开支。在适用上述规定的同时，在权利人已经尽力举证而侵权人不提供或者提供虚假证据的情况下，参考权利人的主张和提供的证据判定赔偿数额。惩罚性赔偿是指损害赔偿中超过实际损失范围的额外赔偿。根据《民法典》第 1185 条的规定，故意侵害他人知识产权，情节严重的，被侵权人有权请求惩罚性赔偿。《专利法》《商标法》《著作权法》中亦有规定，故意侵犯专利权、商标权、著作权，情节严重的，可以根据权利人损失、侵权人获得利益和许可使用费确定的赔偿数额的一倍以上五倍以下确定惩罚性赔偿数额。

以案说法

在爱某风灯饰厂、黄某某等侵害实用新型专利权纠纷一案中，原告云某山公司诉被告爱某风灯饰厂、黄某某侵犯其实用新型专利权，并要求赔偿经济损失及维权合理开支合计 100800 元。一审法院认定被告侵犯原告专利权，并根据《专利法》第 71 条的规定，支持原告要求赔偿经济损失及维权合理开支合计 100800 元的请求。被告不服一审判决提起上诉，最高人民法院纠正了一审法院适用《专利法》的错误，但对一审法院确定的赔偿数额予以认可，最终驳回上诉，维持原判。法院认为，关于维权合理开支问题，云某山公司主张其购买被诉侵权产品费用、公证费，有涉案公证书、可信时间戳认证证证书及公证费发票为证，对此予以支持；云某山公司主张的律师费，且其确有委托律师参加诉讼，爱某风厂也未能举证证实该费用超过合理的范围，对此予以支持。云某山公司并未举证其因被侵权所受到的实际损失或者爱某风厂因侵权所获得的利益，亦无可供参照的专利许可使用费标准，因此，法院综合考虑涉案专利类型为实用新型专利，侵权情节包括实施制造、销售侵权产品的行为，被诉侵权产品单价较高，侵权性质（明知存在涉案专利，被诉行为属故意侵权）以及云某山公司的维权合理开支等因素，对云某山公司请求判令爱某风厂赔偿其经济损失及维权合理开支合计 100800 元的意见予以支持。

律师建议

企业起诉侵权人赔偿损失时，应对销售数量、销售单价、利润率、知识产权贡献率、侵权情节等进行积极举证，避免法院适用兜底条款确定不超过 500 万元的法定赔偿数额，最大限度维护企业利益。同时，企业可通过侵权人实施侵权行为的方式等证明侵权人系故意侵权，要求惩罚性赔偿，要求权利人损失、侵权人获得利益和许可使用费 1 倍以上 5 倍以下的惩罚性赔偿数额，维护企业利益。

第106问　　如何理解并适用等同原则?

课程音频

本文作者　杜　宇

解·答

　　等同原则是专利侵权判定中比较重要的原则。一般来说，适用等同原则有可能扩大专利权的保护范围，覆盖并未完全由权利要求的文字明确限定的特征，这本身对于专利权人是有利的，但是却为专利侵权的认定增加了一些不确定性。为使等同原则的适用标准更加明确，最高人民法院通过司法解释给出了"技术特征基本相同、功能基本相同、效果基本相同以及无需创造性劳动即可联想到"等四个要件。适用等同原则，应注意几个问题。首先，等同原则中视为等同的技术应当是指专利独立权利要求中的全部技术特征，包括非必要技术特征和必要技术特征。等同原则是对权利要求中单一技术特征进行等同适用，而不是对被控侵权物整体技术方案进行等同适用。其次，从等同特征的含义出发。等同原则适用于实质相同的替换并且具有替换的容易联想性，即与权利要求所记载的技术特征以基本相同的手段，实现基本相同的功能，达到基本相同的效果，并且本领域的普通技术人员无需经过创造性劳动就能够联想到的特征为等同特征。最后，判定等同侵权的时间界定，以侵权行为发生之日为准，而非专利申请之日。考虑到等同原则是对全面覆盖原则的补充与矫正，其适用也在一定程度破坏了专利制度的公示功能，因此产生了禁止整体等同、禁止反悔原则、捐献原则等一系列限制等同原则不当适用的法律规则。专利权人在撰写、修改权利要求书等专利文件时，应当准确地解释权利，要求适当地划定专利权的保护范围，避免侵犯第三人的信赖利益，同时注意规避可预见性规则及权利要求中明确的数值范围对等同原则的限制，以达到扩大专利权保护范围、切实保护自身权益的目的。

以案说法

1. 构成等同特征，成立侵权。在某发电器厂、某宝电器公司侵害实用新型专利权纠纷一案中，争议点在于，被告认为其被诉侵权产品不具有与涉案专利权利要求中所记载的内容相等同的技术特征。一审判决分别从二者的作用、功能和效果进行分析并认定，认为涉案专利的导向槽与被诉侵权产品的圆柱孔具有相同的作用、功能和效果，二者的技术手段是基本相同的，且本领域普通技术人员无需经过创造性劳动就能够联想到，故认定被诉侵权产品构成侵权。二审中最高人民法院认为，圆柱形孔柱与导向槽的区别仅在于容纳导向杆空间的具体设置方式不同，二者均为本领域常见的惯用技术手段，被诉侵权产品底座的技术特征与涉案专利权的导向槽相比，系以基本相同的手段，实现相同的功能和效果，并且本领域普通技术人员在被诉侵权行为发生时无需经过创造性劳动就能够联想到，故认定被诉侵权产品构成侵权。

2. 不构成等同特征，不成立侵权。在自拍杆系列案其中一件的二审判决中，关于是否成立等同的焦点在于被诉侵权产品是否具有"凹陷部"这一特征。被诉侵权产品的方 U 形支架被原告主张为与涉案专利的"凹陷部"相对应，但是法院对二者的手段、功能和效果进行分析后，认定二者不构成等同。具体来说，二审的判决认为，二者的技术手段、功能和效果均存在明显差异，故两产品不构成等同。

律师建议

专利保护的实质是一种概念、一种技术构思。专利权利要求书是一种文字，通过文字将技术构思充分表述出来极其困难。为平衡专利权人与社会公众利益，在相关法律制度中引入了等同原则。为了更好地保护权利人的利益，企业在专利申请文件撰写的过程中应当分层次进行概括。具体表现为：尽量列举明显的等同要素；在说明书中尽量用多个实例说明可实现功能的多种等同方式；充分考量产品部件位置改变、技术特征的拆分合并，能否实现基本相同的功能、效果，尽可能将潜在侵权方案纳入；避免限定方法步骤的特定顺序；尽量避免限定特定使用环境。需要注意的是，企业对在描述背景技术或在说明书中否定某些技术方案需谨慎，为突出发明创造的创新性，需在说明书的背景技术栏目描述现有技术的缺陷，以突出发明创造的发明点。从创造性角度而言，这虽对专利申请有创造性提供一些正面评价的帮助，但从等同原则的适用角度而言，这些描述实际上是在限缩专利等同原则的适用范围，因为司法实践中，对被诉侵权技术方案属于说明书中明确排除的技术方案，或者属于背景技术中的技术方案，权利人主张构成等同侵权的，不予支持。

第 107 问　生产者对产品改装方案承担侵权责任如何审查认定？

课程音频

本文作者　王　巍

解答

　　根据该产品改装方案是否由生产者自行设计，生产者对其所应承担的侵权责任的审查认定程序也存在差异。首先，无论该产品改装方案是否由生产者自行设计，审查认定生产者的侵权责任均需先行判断该产品改装方案是否构成专利侵权行为，即需要判断被诉侵权技术方案是否包含与权利要求记载的全部技术特征相同或者等同的技术特征。再者，若该产品改装方案是由生产者自行设计，则仅需根据相关法律规定审查该产品改装方案是否构成专利侵权行为。最后，若该产品改装方案是由第三方提供，生产者仅为代加工方，则首先要判断该产品改装方案是否构成专利侵权行为，在该产品改装方案构成专利侵权行为的前提下，再判断生产者与委托方是否构成共同侵权，即生产者对于该专利侵权行为是否存在过错（主要是是否知情），生产者具有过错的，则需就该专利侵权行为与委托方承担连带责任。

以案说法

　　1. 在某盈公司诉某福公司侵害发明专利权纠纷案中，被告某福公司对原告某盈公司的两项专利产品进行了部分改装。法院认为，本案中被控产品的技术特征与专利保护的特征相比，两者采取的手段基本相同，实现基本相同的功能，亦达到基本相同的效果，属于等同特征，故被告某福公司的产品改装方案构成专利侵权，应当依法承担法律责任。

2. 在某欣公司、某科公司等侵害发明专利权纠纷案中，最高人民法院认为，被诉侵权产品具有涉案专利"触摸屏""触摸检测区"的技术特征及其他技术特征，被诉侵权产品落入涉案专利权保护范围。某科公司等三家公司存在信息互通、分工合作，共同实施了侵犯涉案专利权的行为。此外，最高人民法院还认为，虽然在案证据尚不足以证明作为代工厂的某凌公司与某欣公司明知或者应知其接受委托代为加工制造的被诉侵权产品系侵犯他人专利权的产品，故难以认定其与某科公司等被告构成共同侵权，但两家公司践行其注意义务的程度与其接受委托代加工的规模相比并不相称，亦存在一定过失，须承担相应的法律责任。

律师建议

首先，生产者应加大对产品设计方案的审查力度。生产者是否就代工发生的被诉侵权行为承担侵权责任，需要区分明知和非明知两种情形。在明知的情形下，生产者应承担侵权责任，但是在非明知的情形下，就需要考察生产者是否尽到了应有的注意义务、是否具有过失等。在审查生产者是否尽到了应有的注意义务时，法院一般会综合侵权人的主观过错以及侵权人自身经营状况如生产水平和规模等方面的因素进行认定。有能力又有义务对代工产品的知识产权情况进行审查，但疏于审查致使侵权发生的，应该被认定为有过错。因此，生产者在承接代工项目时，应积极履行审查义务，如在委托协议中加入知识产权瑕疵担保条款、要求委托方就相应加工产品提供专利权或专利许可证明文件、要求委托方出具相应加工产品不涉及侵权的法律意见书或专利检索报告等。在未来涉及侵权纠纷时，法院会通过生产者的前述积极注意行为认定其过错轻微，进而降低其连带赔偿数额。

其次，生产者可在代工合同中约定知识产权瑕疵担保条款。知识产权瑕疵担保条款，是指生产者可与委托加工方在合同中约定，要求委托加工方保证其提供的产品设计方案不存在知识产权侵权的情形，如果该产品设计方案存在知识产权侵权的情形，则生产者可以要求委托方承担违约责任，如果生产者因该产品设计方案存在知识产权侵权情形须向第三方承担侵权责任的，有权向委托方追偿。生产者通过合同约定知识产权瑕疵担保条款等方式，可以为案后向委托方追偿提供依据。

第 108 问　能否以行为主体的单位性质判断其行为是否具有商业目的？

课程音频

本文作者　王　巍

　　不能仅以行为主体的单位性质来判断其行为是否具有商业目的。商业目的并不以营利为必须要求，即使是非营利法人主体，其超出法定身份职能或法律许可，基于产生直接或间接商业利益而实施的侵犯他人权利的行为，也应当被认为具有商业目的。

以案说法

　　在河北省某科学研究院、石家庄市某达园林工程有限公司诉某市城市管理行政执法局（以下简称某执法局）、某市园林绿化管理处（以下简称某园林处）侵害植物新品种权纠纷一案中，原告诉称其系"美人榆"植物新品种权人，某执法局未经授权，擅自委托某园林处在其管理的街道绿化带大量种植美人榆，两被告的行为侵害了涉案植物新品种权，因此向法院提起诉讼。再审法院认为，虽然某园林处系事业单位法人，具有建设城市园林绿地的职能，但是判断某园林处的行为是否具有商业目的不能仅以其主体性质为依据，而应当结合主体的行为进行综合判断：第一，某园林处存在大量种植美人榆的行为，而某园林处并不符合法律规定的可以自繁自用的主体身份，没有从品种权人处购买美人榆，而擅自进行种植使用，不但损害了品种权人的利益，其自繁自用的行为也暗含了商业利益，应当认定为具有商业目的；第二，某园林处生产授权品种的繁殖材料的行为系用以街道绿化，上述行为既不是利用授权品种进行科研活动，更不是农民自繁自用，不符合法律规定的可以不经品种权人许可，不向其支付使用费的情况。第三，某园林处生产授权品种的繁殖材料的行为不但美化了城市环境，而且客观上起到了提升城市形象、优化招商引资环境的作用，从促进地方经济发展的角度来看也具有商业目的。因此，法院综合以上事实认定某园林处生产授权品种的繁殖材料的行为侵害了涉案植物新品种权。

律师建议

  司法实践中，企业或个人在维权时，往往因为侵权方的单位性质特殊，难以认定其行为是否构成侵权，进而难以获得民事赔偿。非营利单位作为行为主体，实施的行为超出法定许可并对他人的民事权益造成损害，就应当对被侵权人承担民事赔偿责任。该行为具有的商业目的，可以被作为认定行为构成侵权以及确定赔偿标准的重要依据。而要证明侵权方的行为是否具有商业目的，可以结合其主体职能、行为性质、触犯法益、客观收益、法定许可等因素进行综合判断。

第 109 问　什么是专利侵权产品善意使用人？
善意使用人是否需要承担侵权责任？

课程音频

本文作者　胡朋、吴潇

解　答

　　专利侵权产品善意使用人是指为生产经营目的使用、许诺销售或者销售不知道且不应当知道是未经专利权人许可而制造并售出的专利侵权产品，且能够举证证明该产品来源合法的使用者。需要特别说明的是制造、进口专利产品的侵权行为无法构成善意（即侵权人一旦实施了制造、进口专利产品的侵权行为无权主张自己是善意的）。根据《专利法》第 77 条以及《最高人民法院关于审理侵犯专利权纠纷案件应用法律若干问题的解释（二）》第 25 条第 1 款的规定，专利侵权产品的善意使用人应当停止侵权行为，但无需承担赔偿责任。此外，如果专利侵权产品的使用者已经支付了合理对价，还可以不承担停止侵权的法律责任。这意味着专利侵权产品善意使用人可以继续使用侵权产品而且不用缴纳专利许可费，因为其已经支付了合理的对价。

以案说法

　　重庆某斯科技股份有限公司（以下简称某斯公司）诉江苏某天工业炉有限公司（以下简称某天公司）等侵害发明专利权纠纷一案中，被告某裕公司于 2014 年就购买蓄热式工业炉进行公开招标，原告某斯公司及被告某天公司均参加了投标，后某天公司中标。2015 年，原告主张被告某天公司生产的、被告某裕公司使用的 12 台"江苏某天工业炉"中的 296 支点火枪，与其专利"可对点火火焰进行检测的点火枪"技术特征相同，落入原告发明专利权利要求的保护范围。原告认为被告某天公司未经其许可，制造、销售与原告专利相同的产品，构成侵权，应承担停止侵权、赔偿损失的民事责任；被告某裕公司使用专利侵权产品，应当承担停止使用专利侵权产品的法律责任。

本案中，某裕公司为生产经营目的而使用的被控侵权点火枪系经过公开招投标程序购买的工业炉上的部件，其来源合法，主观不具有过错，某裕公司属于专利侵权产品善意使用人，不用承担侵权赔偿责任。并且，因某裕公司已支付了合理对价，法院判决其可以继续使用侵权产品，不用承担停止使用的侵权责任。

律师建议

根据《专利法》及相关司法解释规定，专利权被授予后，任何单位或者个人未经专利权人许可，都不得实施其专利，即不得为生产经营目的制造、使用、许诺销售、销售、进口其专利产品，或者使用其专利方法以及使用、许诺销售、销售、进口依照该专利方法直接获得的产品。因此，企业除遵守法律不得实施侵权他人专利权外，在采购技术或设施、设备过程中也需注意防范专利侵权风险，防止因采购的技术或设施、设备侵权而无法使用。为此，企业在采购过程中应做到以下几点：

第一，企业要重视证据收集与整理。当企业被指控专利侵权，若想通过其为善意使用者来进行抗辩，那么企业就必须证明专利侵权产品的合法来源。因此，企业需采取妥善措施保存证明产品合法来源的证据材料，如产品买卖合同原件、货物签收或物流单据、银行支付凭证、支付对价合理的证明材料等，以适用相应的免责条款。

第二，企业进行采购的过程中需尽到适当的注意义务，因为法律规定除来源合法外，还要判断企业采购过程中是否不知且不应当知道侵犯专利权行业的存在。对于不应当知道的判断需要根据具体情况判断。最高人民法院审结的〔2019〕最高法知民终896号判决书即反指出，虽然被告能证明来源合法，但根据案件证据及相关事实，能够证明被告稍加注意即能够知道其销售的产品是侵犯原告专利权的，因此认定被告对侵权存在过错，判决被告承担侵权责任。

第三，企业在采购合同中应明确约定出卖方要对产品做出承诺，若产品侵犯他人知识产权，应当承担的违约责任范围尽量覆盖企业可能产生的损失，除承担的侵权责任外，还包括因此产生的律师费、保全费、保全担保费等维权费用（包括被专利权人起诉所产生的前述费用）。

第 110 问　如何认定网络通信领域方法专利的侵权？需要考察哪些要件？

课程音频

本文作者　胡朋、吴潇

　　认定网络通信领域方法是否侵权，有以下考察要件：①被诉侵权行为人是否在终端网络用户利用被诉侵权产品完整再现涉案专利方法的过程中起到了不可替代的实质作用。②被诉侵权行为人是否为生产经营目的制造、使用、许诺销售、销售、进口其专利产品，或者使用其专利方法以及使用、许诺销售、销售、进口依照该专利方法直接获得的产品。③被诉侵权行为人是否从制造、许诺销售、销售被诉侵权产品的行为中获得不当利益与涉案专利存在密切关联。④被诉侵权行为人是否因涉案专利获得了原本属于专利权人的利益，导致利益分配严重失衡，违背了公平原则。

以案说法

　　2002 年 6 月 28 日，A 公司就"一种简易访问网络运营商门户网站的方法"发明向国家知识产权局申请发明专利（以下简称涉案专利）并于 2008 年 8 月 20 日获得授权，权利要求为 1 和 2。其后，A 公司将该项发明专利转让给 B 公司。C 公司生产的路由器，终端用户在"Web 认证开启"模式下的使用路由器过程，再现的专利方法过程全部落入涉案专利权利要求 1 和 2 的保护范围。法院认为涉案专利技术属于网络通信领域，该领域具有互联互通、信息共享、多方协作、持续创新等特点，这就决定了该领域中的绝大多数发明创造的类型为方法专利，且往往只能撰写成为需要多个主体的参与才能实施的方法专利，或者采用此种撰写方式能更好地表达出发明的实质技术内容。然而这些方法专利在实际应用中，往往都是以软件的形式安装在某一硬件设备中，由终端用户在使用终端设备时触发软件在后台自动运行。从表面上看，终端用户是专利方法的实施者，但实质上，专利方法早已在被诉侵权产品的制造过程中得以固化，终端用户在使用终端设备时再现的专利方法过程，仅仅是此前固化在被诉侵权产品内的专利方法的机械重演。

律师建议

企业在面对网络通信领域方法专利的侵权案件时，应注意考察以下要件并收集相关证据：

第一，侵权行为人是否以生产经营为目的，将专利方法固化在产品中，使得终端用户能够利用被诉侵权产品完整再现涉案专利方法；

第二，侵权行为人从制造、许诺销售、销售被诉侵权产品的行为中获得的不当利益是否与涉案专利存在密切关联（即终端用户系因涉案专利方法才选择购买被诉侵权产品）；

第三，被诉侵权行为人是否因涉案专利获取利益，导致专利权人利益损失。

后记

　　创新是引领发展的灯塔，知识产权保护是守护创新的不竭动力。在国家积极倡导创新驱动发展战略背景下，四川大学成都地区法学校友会在四川大学校友总会和法学院的领导下，通过组建校友律师服务团、参与学校与校友企业深度融合全链条服务展示、推出"律豆"普法短视频矩阵等多种方式积极服务科技成果转化，践行着川大法律人"助科技、推成果、促转化"的法治服务原则、法治保障愿景。其中，最浓墨重彩的一个举动是启动了《法律问答110》系列丛书的策划。

　　系列丛书的整体规划与启动，受到时任四川大学校长、校友总会会长、中国工程院院士李言荣的悉心关怀和极大支持。本书作为系列丛书的开篇之作，有幸得到他的指导。谈到法律护航科技成果转化的意义，他指出，"创新是引领发展的第一动力，保护知识产权就是保护创新。在国家大力实施创新驱动发展战略的背景下，高校除了培养人才和科学研究等功能外，还承载服务社会、推动经济发展的使命。高校教授能够创新，但受对市场不够熟悉等因素影响，部分专利、成果被束之高阁，成功转化率较低。高校科技成果只有转化为现实生产力，才能发挥出科技创新对地方经济社会发展的支撑与引领作用。成果转化是个系统性工作，需要技术、市场、经济、金融、法律等领域全方位把握和支持。其中，知识产权成果转化法律服务工作，便是推动科技成果成功转化的重要支持保障。高校和企业应当意识到，虽然当前《促进科技成果转化法》《科学技术进步法》《专利法》等专门法律对我国高校科技成果转化知识产权方面作出相关规定，但随着产学研合作的不断深入，高校科技成果在转化为经济效益的过程中，知识产权法律问题已日益突出。由于知识产权法律问题专业性较强、复杂程度较高，为实现高校科技成果安全高效地转化，高校和企业都需要专业化、针对性的法律服务。"对于本书的酝酿和编撰，他高度评价，"令人欣慰的是，四川大学成都地区法学校友会专门组建了高校科技成果转化法律研究团队，以满足高校、企业需求为导向，全面研究了高校科技成果转化具体运行中存在的法律问题，编写了《法律问答 110——科技成果转化篇》一书，是以常见实务问题为切入点，通过全面系统梳理典型案例、细化研究不同领域法律问题、绘制思维导图帮助理清思路、走访调研成功案例经验做法等方式，编写的一本有利于读者理解的实操读物，为评估高校科技成果转化的法律风险提供了说明书，为高校和企业对法律服务的选择提供了评价表，为推动研究成果走向市场提供了指南针。"同时，他还对系列丛书给予厚望，"本书是四川大学成都地区法学校友会编著的《法律问答 110》系列丛书的第一本著作，它的面世让我既感到十分欣喜，也对法学校友会的贡献表示感谢。希望四川大学校友律师服务团能够多方面、全方位支持学校和校友企业的发展，共同为推动经济社会高质量发展贡献智慧和力量，同时也期待本系列后续著作的推出。"

为此，2020 年初，川大成都法学校友会选聘精锐，组建了系列丛书第一期筹备队伍。团队成立初期积极开展了书籍编写筹备相关工作，多次组织召开研讨会，针对书籍编写的目标设定、制作方案、具体方法、内容架构等广泛征求意见、展开深入讨论。团队成员结合自身专业特点和实务经验，收集整理研究资料，提出痛点难点及解决方案，明确了编写工作的目标方向和框架思路。由于科技成果转化所涉内容广泛，研究提炼工作要求较高，加之受新冠疫情影响，书籍编写工作一度搁置。至 2020 年年底，再次启动书籍编写工作，由张凯翔牵头，曾祥坤、董新宇、王硕、杜宇、刘伟、刘维俊、李瑞军、王巍、罗超凡、赵亮、刘亦峰参与，组织了新一轮的研讨会，提出了从实际出发、紧密结合实务需求的新思路，明确以常见、典型实务问题为切入点，编写一本读者友好型实务指南，将复杂法律问题以便于读者理解的方式呈现，避免如同教科书或科研专著的枯燥与晦涩，让本书在科技成果转化过程中能够真正被用起来、发挥实际作用。自此，本书的编写工作进入了新阶段，团队成员投入大量精力，针对实务问题进行了充分调研，对全国范围内的典型知识产权实务案例进行了全面检索、汇总、研究，广泛咨询了企业家校友、司法机关校友以及专家学者的意见，详细了解其在实务中遇到的具体困难问题等。

至 2021 年上半年，在掌握了充足的编写素材后，团队成员全面梳理了科技成果转化具体工作中存在的法律问题，系统整理了典型案例，细化研究了不同个案中的具体问题，并绘制思维导图清晰呈现了内容框架，于 2021 年 10 月形成初稿，随后，万毅教授组织召集团队成员对初稿进行了研究修改。

2023 年 7 月，四川大学校友律师服务团加入本书主创团队，经各方力量多轮修订完善之后，本书初步定稿，并被正式确定为川大成都法学校友会《法律问答 110》系列丛书首发之作，书名为《法律问答 110——科技成果转化篇》。至此，本书正式进入编辑出版阶段。进入 2024 年，川大成都法学校友会理事会多次召开专题会议，就本书书稿内容及出版发行事宜进行研究，并给出了宝贵的指导意见。

文以载道，行以致远。2024 年 10 月，适逢四川大学法学院恢复招生 40 周年和四川大学成都地区法学校友会成立 10 周年双庆之际，《法律问答 110——科技成果转化篇》终于与读者见面。作为献礼之作，精心打磨雕琢成熟的本书，凝聚了川大成都法学校友会的心血智慧和报效之情。本文记述的成书过程，可能存在遗漏，在此，对所有给予本书支持的各界朋友一并致以深深谢意，对于本书可能存在的疏漏不足，也提请诸君多多海涵。本书的出版不仅是川大成都法学校友会多方面、全方位服务母校和校友企业发展的里程碑，也是四川大学校友律师团回馈母校、服务校友的新起点！让我们共同期待，系列丛书优秀著作的持续问世！

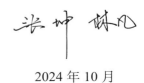

2024 年 10 月